LEONIEK BONTJE

NATUR KOSMETIK

DAS HANDBUCH FÜR NATÜRLICHE SCHÖNHEIT MIT MEHR ALS 80 REZEPTEN

südwest

INHALT

VORWORT

Es ist einfach angenehm, sich mit Hautpflegeprodukte zu verwöhnen, die nach natürlichen Pflanzen und Blüten duften. Auch in Blumen zu baden und das Haar mit Naturprodukten zu verwöhnen, ist herrlich. Und das Schönste ist, dass man diese Produkte selbst herstellen kann.

Viele einheimische Heilpflanzen eignen sich hervorragend für die Pflege der Haut und sind sowohl nährend als auch aufbauend. Ringelblume und Kamille wirken heilend, lindernd und beruhigend, Schafgarbe fördert die Heilung und Hafer ist nährend – auch für die Haare – und wirkt lindernd bei Hautreizungen und juckenden Ausschlägen.

Die Inhaltsstoffe von Pflegeprodukten gelangen über die Haut, unserem größten Organ, in den Blutkreislauf. Deshalb ist es wichtig, natürliche und reine Produkte zu verwenden. Die Haut hat vor allem eine Schutzfunktion: Sie bildet eine Barriere zwischen dem Körper und der Außenwelt.

Der pH-Wert gesunder Haut liegt bei etwa 5. Wenn er sich verändert, wird die Schutzfunktion der Haut beeinträchtigt. Sie verliert dann Feuchtig-

keit, trocknet aus und wird empfindlicher gegenüber äußeren Reizen. Um die Haut in gutem Zustand zu halten, ist es wichtig, sie nicht mit zu vielen Chemikalien zu belasten.

Produkte aus dem Handel enthalten oft Inhaltsstoffe, die Sie gar nicht kennen. Manche davon können Haut und Umwelt sogar eher schaden, andere sind einfach sehr unnatürlich.

Ein weiteres Problem ist, dass Kosmetika oft an Tieren getestet werden – was inzwischen sehr umstritten ist.

Und schließlich ist hochwertige natürliche Hautpflege oft teuer.

Die Lösung: Stellen Sie Ihre eigenen Kosmetika her, mit nährenden Heilpflanzen aus Ihrer Gegend, die Sie mühelos beschaffen können, und natürlichen Grundstoffen wie Olivenöl, Apfelessig oder Imkerhonig.

Manche Menschen meinen sogar, dass alles, was man auf die Haut aufträgt, so rein sein sollte, dass man es auch essen könnte. Ziehen Sie also auch Öle in Betracht, die aus Gemüse- oder Obstsamen gepresst werden, etwa Karottenöl, Brokkolisamenöl, Avocadoöl, Tomatenkernöl und Gurkensamenöl. Des Weiteren können Himbeeren, Sanddorn, Hagebutten, Kaffee und Kakao verwendet werden.

Für schöne Haut ist neben der äußerlichen Pflege auch eine gesunde Ernährung entscheidend. Es geht um das System als Ganzes. Ihre Haut spiegelt wider, wie Sie sich fühlen und wie gesund Sie sind. Mehr darüber können Sie in meinem Buch *Pflanzen als Medizin* (Südwest Verlag) lesen, in dem ich viele Pflanzen beschreibe, die eine reinigende Wirkung haben oder gut für den Darm sind.

In diesem Buch geht es um Pflanzen, die gut für Haut und Haare sind. Ich habe Rezepturen für verschiedene Pflegeprodukte zusammengestellt, von Ringelblumensalbe bis Beinwellöl. Außerdem habe ich mehrere Expertinnen und Experten zu Wort kommen lassen, die ihre Rezepte für die komplette Pflege von Kopf bis Fuß verraten.

Leoniek

WARUM PFLEGEMITTEL SELBST HERSTELLEN?

Immer mehr Menschen stellen ihre eigene Kosmetik her – mit Pflanzen, die sie in der Natur finden oder selbst anbauen. Sie betrachten all diese Behältnisse mit unaussprechlichen, ihnen unbekannten Inhaltsstoffen mit Skepsis. Sie wünschen sich Produkte mit einfachen und reinen Zutaten.

Ein Vorteil selbst gemachter Kosmetika besteht darin, dass man die volle Kontrolle über die Zutaten hat, und weiß, wie sich die Produkte anfühlen und wie sie riechen. Außerdem sind sie günstiger. Die Rezepte in diesem Buch zeigen, wie einfach es ist, Gesichts-, Haar- und Körperpflegeprodukte selbst herzustellen. Oft können Sie einfach Dinge aus Ihrem Küchenschrank verwenden.

Es ist ein gutes Gefühl, Verantwortung für seine Haut zu übernehmen. Mir ist auch wichtig, dass die verwendeten Inhaltsstoffe aus umweltfreundlichem Anbau stammen. In vielen Kosmetika wird zum Beispiel Palmöl verwendet, das oft chemisch verarbeitet ist. Auf der Verpackung stehen dann nur die Namen dieser Verarbeitungsprodukte, sodass es schwierig ist, Palmöl zu identifizieren. Wenn Sie Ihre eigenen Kosmetika herstellen, können Sie anstelle von Palmöl Bio-Kokosöl verwenden.

Bei Aloe vera weiß man oft nicht, woher sie stammt, aber auch hier versuche ich, sie in Bio-Qualität zu kaufen. Und den Honig kaufe ich bei einem örtlichen Imker.

Weil sich Tierversuche für Kosmetika nicht mit meiner Ethik vertragen, arbeite ich immer mit Heilpflanzen, vorzugsweise mit solchen, die in der freien Natur wachsen.

CARB. NATRICUS
CARB. CALCICUS

PFLANZEN FÜR DIE HAUT

Heilende oder lindernde Wirkung von Pflanzen:

- Kamille hat eine beruhigende Wirkung. Sie können die Blüten zum Beispiel für ein Dampfbad in kochendes Wasser geben.
- Gundermann beschleunigt die Wundheilung. Ein Blatt kauen und den Brei auf die Wunde streichen. Insektenstiche mit dem Blatt einreiben.
- Wenn Sie sich geschnitten haben, legen Sie ein Spitzwegerichblatt wie ein Pflaster direkt auf die Wunde. Sie können auch Insektenstiche oder Reizungen durch Brennnesseln damit einreiben.
- Auch das Blatt der Taubnessel wirkt lindernd und beruhigend bei Reizungen durch Brennnesseln.
- Schafgarbe kann direkt auf eine (leicht) blutende Schürfwunde aufgetragen werden. Der Saft hilft, Pickel zum Abklingen zu bringen.
- Ringelblume hat eine wundheilende und desinfizierende Wirkung.
- Johanniskraut kann wie Jod verwendet werden und hilft, Sonnenbrand zu lindern.
- Rosenblüten fördern die Wundheilung.
- Gurkenscheiben erfrischen müde Augen und kühlen die Haut bei einem Sonnenbrand.
- Hafer (Malz) im Badewasser wirkt lindernd bei juckenden Hautreizungen und Ekzemen.

Weitere Pflanzen für die Haut: wildes Stiefmütterchen, Salbei, Zaubernuss, Mohn, Kornblume, Kiefer, Eukalyptus, Teebaum, Lavendel, Rosmarin, Borretsch, Beinwell, Sternmiere, Kletten-Labkraut, Meerrettich, Arnika, Hafer, Aloe vera, Schöllkraut und Melisse. Für die Haare: Birke, Brennnessel, Hafer und große Klette.

Warnhinweis

Bei einigen Pflanzen sollte man vorsichtig sein. Sie eignen sich zur Pflege gesunder Haut, und manche können auch leichtere Irritationen lindern. Bei ernsthaften Hautproblemen sollten Sie immer zuerst Ihren Arzt aufsuchen. Dieses Buch ersetzt keine medizinische Behandlung, sondern ergänzt sie.

Wer schwanger ist oder regelmäßig Medikamente einnimmt, sollte immer sehr vorsichtig mit Heilpflanzen umgehen. Vorsicht ist auch bei Säuglingen geboten. Bei allen Pflanzen gilt: Wenn Sie allergisch darauf reagieren, sollten Sie sie sofort absetzen.

Ätherische Öle können starke allergische Reaktionen auslösen. Es wird daher empfohlen, vorab einen Verträglichkeitstest zu machen. Unverdünnt aufgetragen sind ätherische Öle außerdem sehr reizend.

WIE FANGE ICH AN?

Mein Ausgangspunkt ist immer eine nährende oder heilende Pflanze. Dann schaue ich, was ich aus dieser Pflanze machen kann - Tinktur, Öl oder Salbe - und welche Anwendungsmöglichkeiten es gibt. Manche Pflanzen trockne ich oder ich bereite einen Aufguss daraus zu. Man kann sich auch umgekehrt zuerst für ein Produkt entscheiden, etwa eine Tagescreme, und dann eine passende Pflanze auswählen, vielleicht die Ringelblume. Sie können die Rezepte in diesem Buch genau befolgen und die Pflanze verwenden, die ich vorschlage. Sie können aber auch eine andere Pflanze verarbeiten, die besser zu Ihnen passt. Vielleicht möchten Sie lieber Malve statt Ringelblume in Ihrer Creme verwenden - oder auch beide. Experimentieren Sie, um Ihre ganz individuellen Pflegeprodukte zu entwickeln.

Was brauche ich?

Wer öfter Pflegeprodukte selbst herstellt, sollte sich separate Werkzeuge zulegen (z. B. Stabmixer, Schüssel, Messbecher, Präzisionswaage, Spatel, Rührstäbe). Sammeln Sie alle möglichen Gläser von Salben, Marmelade und anderen Produkten. Alle Utensilien müssen sauber sein. Gläser und Deckel gründlich reinigen, am besten in die Spülmaschine stellen oder auskochen. Sammeln Sie Schnur und Gummibänder und besorgen Sie sich im Fachhandel ein Seihtuch zum Durchsieben von Kräuterzubereitungen. Wichtig ist, jedes Glas mit Bezeichnung der Zubereitung, Inhaltsstoffen und Datum zu beschriften. Etiketten können Sie kaufen oder selbst machen.

Grundzutaten

Die Basis für Ihre Salben und Cremes sind Tinkturen, Aufgüsse, ölige Auszüge und Oxymel, die allesamt aus Pflanzen hergestellt werden. Alkohol, Öl, Wasser oder Essig nehmen die wirksamen Inhaltsstoffe der Pflanzen auf. Im Folgenden beschreibe ich, wie man dabei genau vorgeht. Ich spreche immer von »Pflanzenteilen«, denn von manchen Pflanzen verwendet man nur Blätter und Stiel, von anderen die Blüten und von wieder anderen die Wurzel oder Rinde. Welcher Teil einer Pflanze verwendet werden soll, wird später im Buch bei den Pflanzenporträts erklärt.

Tinktur auf Alkoholbasis

Tinkturen sind eine gute Zutat für Salben oder Umschläge. Manche kann man wie Jod direkt auf eine

Wunde geben, beispielsweise die Johanniskrauttinktur.

Ein sauberes Schraubglas mit dem Pflanzenmaterial füllen und mit 40%igem Alkohol (Wodka, Gin oder Cognac) auffüllen, bis die Pflanzenteile bedeckt sind. Ein Etikett mit dem Datum und dem Inhalt auf das Gefäß kleben. 4-6 Wochen mit geschlossenem Deckel stehen lassen und gelegentlich schütteln. Anschließend durch ein Seihtuch abfiltern. Die Tinktur in eine Pipettenflasche füllen. Sie ist jetzt gebrauchsfertig.

Tinktur auf Glyzerinbasis

Glyzerin ist eine Alternative für Alkohol, es schmeckt süßlich und ist pflanzlich. Das Verfahren ist dasselbe wie bei einer Tinktur auf Alkoholbasis, dabei den Alkohol durch Glyzerin ersetzen. Diese Tinkturen sind etwa 2 Jahre haltbar.

Auszüge und Oxymels

Pflanzliche Auszüge (Mazerate) können mit Essig, Kakao (mit heißem Pflanzendrink) oder Honig hergestellt werden. Besonders wirkungsvoll ist ein Oxymel. Dafür lässt man die Pflanzenteile in Essig mit Honig ziehen.

Auszug mit Apfelessig:
Ein großes Schraubglas mit Pflanzenmaterial und Apfelessig befüllen. Etwa 2 Wochen stehen lassen und anschließend abseihen.

Auszug mit Honig:
Wie oben vorgehen, aber das Pflanzenmaterial mit flüssigem Honig übergießen. Nach einigen Tagen wird der Honig wässrig und der Auszug ist gebrauchsfertig. Er hält sich etwa ein Jahr.

Aufguss und Absud

Aufgüsse werden für Kompressen, aber auch für Haar- und Hautspülungen verwendet.

Für einen Aufguss einen Krug mit Pflanzenteilen füllen. Wasser aufkochen, ein paar Minuten abkühlen lassen, dann über die Pflanzenteile gießen. Den Aufguss weiter abkühlen lassen. Ein sauberes Tuch oder eine Bandage damit tränken, ausdrücken und auf die Haut legen. 10 Minuten bis über Nacht einwirken lassen. Man kann auch Haare und Haut (oder eine Wunde) mit einem Aufguss spülen. Empfindliche Kräuter wie Malve, Eibisch oder Königskerze sind besser für einen kalten Auszug geeignet: Über Nacht in kaltem Wasser ziehen lassen, am nächsten Tag abseihen und verwenden.

Für einen Absud verwendet man härtere Pflanzenteile wie Wurzeln, Rinde oder Kiefernnadeln.
2–3 Teelöffel Pflanzenmaterial in 500 ml Wasser geben, zum Kochen bringen und abgedeckt 15–20 Minuten köcheln lassen. Abseihen und abkühlen lassen.

Öliger Auszug

Für einen öligen Auszug (Ölmazerat) legt man die Pflanzenteile in Öl ein. Ein Ölmazerat kann direkt auf die Haut aufgetragen oder als Grundlage für eine Salbe verwendet werden. Beliebte Pflanzen dafür sind Ringelblume, Kamille, Schafgarbe oder Beinwell, aber auch viele andere sind geeignet. Verwenden Sie ein geruchs- und geschmacksneutrales, vorzugsweise kaltgepresstes Bio-Mandelöl, Bio-Sonnenblumenöl oder Bio-Jojobaöl

(mehr über Öle auf Seite 19–22). Sie können mit frischen Pflanzenteilen arbeiten, die an einem trockenen Tag gegen Mittag gepflückt werden (wenn der Tau abgetrocknet ist). Die Pflanzen vor der Verwendung etwas anwelken lassen. Wenn keine frischen Pflanzenteile verfügbar sind, können Sie auch getrocknete verwenden.

Es gibt verschiedene Methoden, ölige Auszüge herzustellen.

Kaltes Ölmazerat: Die Pflanzenteile pflücken, abtrocknen und in ein sauberes Glas geben. Mit dem Öl übergießen. Gründlich umrühren, bis alle Luftblasen entwichen sind. Ein Etikett aufkleben und das Glas mit einem Stück Käseleinen und einer Schnur oder einem Gummiband fixieren. An einen hellen Ort stellen (Johanniskraut auch in die direkte Sonne). Alle zwei Tage mit einem sauberen Löffel oder Spatel umrühren. Nach 4 Wochen abseihen. Das Öl in eine dunkle Flasche umfüllen und an einem dunklen Ort aufbewahren.

Warmes Ölmazerat: Die Pflanzenteile in einen sauberen Topf geben und mit dem Öl bedecken. Im Wasserbad 48 Stunden erhitzen, dabei gelegentlich umrühren. Das Wasser darf nicht kochen, sonst werden die Pflanzenteile frittiert! Über Nacht ausstellen und am Morgen wieder anstellen. Regelmäßig rühren. Zum Schluss das Öl durch ein Seihtuch oder ein feines Sieb gießen. In eine dunkle Flasche abfüllen.

Ölmazerate sind 6–12 Monate haltbar (oder solange sie gut riechen).

Salbe (auf Öl-/Fettbasis)

Zutaten für ca. 250 ml

- 200 ml Ölmazerat (siehe Seite 12–14) oder 100 ml Kokosöl und 100 ml Pflanzenöl
- 10 Tropfen Vitamin-E-Öl
- 20 g Bienenwachs
  Je mehr Bienenwachs Sie verwenden, desto fester wird die Salbe. Für Lippenbalsam verwenden Sie 40 g Bienenwachs (1:5) auf 200 ml Öl. Für eine weichere Salbe verwenden Sie 10 oder 20 g Bienenwachs (1:20 oder 1:10) auf 200 ml.
- 20 Tropfen ätherisches Öl nach Wahl
- sauberes Schraubglas für 250 ml

Schmelzen Sie das Bienenwachs im Wasserbad. (Das Wachs keinesfalls in einem Topf direkt auf dem Herd erhitzen: Es kann sich entzünden). Erst wenn das Bienenwachs vollständig geschmolzen ist, das Öl untermischen. Dann Vitamin-E-Öl und ätherisches Öl hinzugeben. Gründlich mischen, ins Schraubglas gießen und erkalten lassen. Den Deckel aufsetzen und ein Etikett aufkleben.

Die Salbe ist etwa 2 Jahre haltbar (oder solange sie gut riecht).

Creme (auf Öl-/Wasserbasis)

Zutaten für ca. 250 ml

- 70 ml Bio-Öl nach Wahl
- 20 g Emulgator (damit Wasser und Öl sich verbinden)
- 170 ml destilliertes Wasser oder Aufguss von wildem Stiefmütterchen, Gänseblümchen oder anderen Pflanzen nach Wahl
- 20 Tropfen ätherisches Öl nach Wahl
- 10 Tropfen Hydrolat nach Wahl
- 10 Tropfen Vitamin-E-Öl
- sauberes Schraubglas (250 ml)

Das Öl im Wasserbad erhitzen. Den Emulgator hinzufügen und vorsichtig rühren, bis er sich im Öl verteilt hat. Das destillierte Wasser zum Kochen bringen, langsam und vorsichtig ins heiße Öl rühren, bis eine homogene Mischung entsteht. Das kann einige Minuten dauern. Ätherisches Öl, Hydrolat und Vitamin-E-Öl unterrühren und die Creme ins Schraubglas füllen und mit dem Deckel verschließen.

Das Glas und die Arbeitsutensilien müssen sauber sein, sonst kann sich Schimmel auf der Creme bilden. Wer möchte, kann ein Konservierungsmittel hinzufügen.

Die Creme ist etwa 6 Monate haltbar.

ECHTE ALOE

(Aloe vera)

Affodilfamilie - Asphodelaceae

Aloe vera ist als Erste-Hilfe-Mittel bei Verbrennungen und Schürfwunden bekannt. Dafür wird das Gel aus den Blättern verwendet. Aloe-vera-Gel eignet sich auch sehr gut als Wasserbestandteil von Cremes.

Wirkung auf die Haut

Beruhigend und feuchtigkeitsspendend. Fördert die Wundheilung, wirkt entzündungshemmend und schmerzlindernd, verbessert die Durchblutung und ist antiseptisch.

Anwendungsbereiche

Trockene, rissige Haut, Verbrennungen ersten und zweiten Grades, Sonnenbrand, Abschürfungen, Wunden, Akne, Lippenherpes, Gürtelrose, Pilzinfektionen, Altersflecken, strapazierte Haut und Haare, trockene Kopfhaut, vorzeitige Hautalterung und Dehnungsstreifen.

Inhaltsstoffe des Gels

Wasser, Polysaccharide, Sterole, Enzyme, Aminosäuren, Tannin, Harnstoff, Salizylsäure und Vitamin B, C und E. Außerdem Mineralstoffe wie Kalzium, Eisen, Zink, Kalium, Natrium, Mangan, Magnesium, Kupfer, Selen, Schwefel, Phosphor, Zink, Strontium, Kobalt, Chrom und Zinn.

Verwendete Teile

Das Gel aus den Blättern

NATÜRLICHE GRUNDZUTATEN

BASISÖLE

Es gibt viele verschiedene Öle, die der Haut gut bekommen und sich daher ausgezeichnet als Grundlage für Haut- und Haarpflegeprodukte eignen. Verwenden Sie möglichst kalt gepresste Öle in Bio-Qualität. Hier stelle ich einige häufig verwendete Öle vor.

Aprikosenkernöl
Aprikosenkernöl wird aus den Kernen von Aprikosen (Prunus armeniaca) gepresst. Es ähnelt den in der Haut vorhandenen natürlichen Fetten und wird daher leicht aufgenommen. Es enthält die Vitamine C und E sowie die ungesättigten Fettsäuren Omega 6 und 9. Das Öl macht die Haut geschmeidig und stärkt sie.

Mandelöl
Das milde Öl aus den Kernen (Mandeln) des Mandelbaums (Prunus dulcis) enthält Antioxidantien und die Vitamine A, D und E. Es eignet sich für alle Hauttypen, besonders für trockene, empfindliche Haut. Zudem beugt es vorzeitiger Hautalterung vor und fördert die Elastizität der Haut.

Arganöl
Arganöl wird aus den Kernen der Frucht des marokkanischen Arganbaums (Argania spinosa) gewonnen. Das Öl nährt, befeuchtet und schützt die Haut und beugt mit Antioxidantien vorzeitiger Hautalterung vor. Dem Haar verleiht es einen schönen Glanz.

Avocadoöl
Avocadoöl wird aus dem Fruchtfleisch der Früchte des Avocadobaums (Persea americana) gewonnen. Das Öl wird in der Kosmetik wegen der feuchtigkeitsspendenden und pflegenden Wirkung seiner ungesättigten Fettsäuren verwendet.

Borretschöl
Borretschöl aus den Samen des Borretsch (auch Gurkenkraut, Borago officinalis) ist reich an Gamma-Linolensäure, einer essenziellen Omega-6-Fettsäure, und hat viele positive Eigenschaften: Es nährt die Haut, verbessert die Elastizität und den Feuchtigkeitsgehalt, stimuliert

die Talgproduktion und fördert die Hautreparatur. Es hilft bei Ekzemen, trockener Haut, Falten, vorzeitiger Hautalterung, Akne, Schuppenflechte, brüchigen Nägeln.

Kaktusfeigenöl

Das seltene Kaktusfeigenöl aus den schwarzen Samen des Feigenkaktus (Opuntia ficus-indica) ist reich an ungesättigten Fettsäuren, Vitamin E und Mineralien. Es nährt, befeuchtet und strafft die Haut, verbessert das Hautbild und schützt vor vorzeitiger Hautalterung.

Rizinusöl

Rizinusöl wird aus den Samen der grünen Frucht des Wunderbaums (Ricinus communis) gewonnen und ist reich an Omega-9-Fettsäuren, die das Haar, den Haarfollikel, die Haarwurzel und die umgebende Haut nähren. Dies stimuliert das Wachstum von Haaren, Bart, Wimpern und Augenbrauen.

Sanddornöl

Das im Handel erhältliche Sanddornöl wird aus den Beeren und Kernen des Sanddorns (Hippophae rhamnoides) gepresst, man kann aber auch einen öligen Auszug aus Sanddornbeeren selbst herstellen (siehe Seite 12–14). Sanddornöl enthält Vitamin A und regt die Zellerneuerung der Haut an.

Traubenkernöl

Traubenkernöl wird aus den Kernen der Frucht der Weinrebe (Vitis vinifera) gepresst. Wählen Sie eine Kaltpressung, bei der nur relativ wenige Nährstoffe verloren gehen. Das Öl ist ideal für empfindliche Haut und hat eine straffende und intensiv nährende Wirkung.

Jojobaöl

Jojobaöl ist eigentlich ein flüssiges Wachs aus den Samen des Jojobastrauchs (Simmondsia chinensis). Das ursprünglich gelbe Öl wird oft gebleicht verkauft. Jojobaöl ist dem von der Haut produzierten Talg sehr ähnlich und wird darum besonders gut vertragen. Es hat eine reinigende Wirkung und hemmt die übermäßige Talgproduktion. Auch für die Haare ist es wunderbar.

Kokosöl

Kokosöl wird durch Pressen oder Extraktion aus dem getrockneten weißen Fruchtfleisch der Kokosnuss, der Frucht der Kokospalme (Cocos nucifera), gewonnen. Das Öl hat eine Schmelztemperatur von 24–26 °C und ist daher in warmen Klimazonen flüssig, in unserem Klima jedoch oft fest. Kokosöl wird häufig in Kosmetika verwendet. Es enthält viele Vitamine und Mineralien, nährt, reinigt und desinfiziert die Haut. Kaufen Sie Kokosöl in Bio-Qualität, am besten von einem kleinen Erzeuger.

Leinsamenöl
Leinsamenöl wird aus den Samen der Flachspflanze (Linum usitatissimum) kalt gepresst und enthält Omega-3- und -6-Fettsäuren und andere ungesättigte Fette. Das Öl beugt der Austrocknung und vorzeitigen Hautalterung vor. Seine Wirkung wird durch die Kombination mit Nachtkerzenöl und/oder Borretschöl verstärkt. Rührt man Leinsamen mit Waser an, quellen sie und bilden einen gelartigen Brei, der Entzündungen lindert und Splitter aus der Haut zieht.

Moringaöl
Moringaöl wird aus den Samen des Baums Moringa oleifera gewonnen, der für seine medizinischen Eigenschaften und seinen hohen Gehalt an Nährstoffen und Antioxidantien bekannt ist. Das Öl ist reich an Vitamin A, B und C und enthält Mineralien wie Eisen, Magnesium und Zink. Es spendet Feuchtigkeit und wirkt vorzeitiger Hautalterung entgegen.

Neemöl
Neemöl wird aus den Kernen der olivenförmigen Früchte des asiatischen Neembaums (Azadirachta indica) sowie aus den Früchten selbst gewonnen. In Asien ist Neemöl ein Heilmittel gegen Insektenstiche, Hautinfektionen (Ekzeme) und Entzündungen. Es ist dickflüssig und sirupartig, goldgelb, braun oder rötlich gefärbt und hat einen starken, nicht sehr angenehmen Geruch. Es wird auch als Haaröl und in Shampoos verwendet.

Hagebuttenkernöl
Dieses Öl wird aus den Hagebutten der Hundsrose (Rosa canina) und anderer Rosensorten gewonnen und enthält Vitamin A. Das intensiv pflegende Öl mindert Narben und Dehnungsstreifen und wirkt vorzeitiger Hautalterung entgegen.

Nachtkerzenöl
Nachtkerzenöl wird aus den Samen der Nachtkerze (Oenothera biennis) gepresst und ist reich an ungesättigten Fettsäuren. Durch den hohen Gehalt an Gammalinolsäure wirkt das Öl entzündungshemmend.

Walnussöl
Kaltgepresstes Öl aus den Früchten des Walnussbaums (Juglans regia) hat eine beruhigende, heilende und leicht adstringierende Wirkung. Walnussöl wirkt entzündungshemmend, ist geeignet für reife und trockene Haut und bietet einen gewissen Sonnenschutz.

WACHSE UND FETTE

Bienenwachs

Bienenwachs spendet Feuchtigkeit und enthält Vitamin A. Darum eignet es sich gut als Grundlage für Cremes. Dank seiner entzündungshemmenden und antibakteriellen Eigenschaften wirkt es gegen Pickel und Mitesser und pflegt zudem Kopfhaut und Haarfollikel. Sein Schmelzpunkt liegt bei 62–65 °C, aber schon ab 40 °C ist Bienenwachs geschmeidig, man kann es also in der Hand erweichen. Ein befreundeter Imker erzählte mir, dass die Waben, aus denen das Bienenwachs gewonnen wird, ohnehin jährlich gereinigt werden müssen, wobei ein Teil des Wachses entfernt wird. Versuchen Sie, Bienenwachs bei einem zuverlässigen Imker oder Hersteller zu kaufen. Als tierisches Produkt ist Bienenwachs nicht vegan.

Candelillawachs

Candelillawachs ist eine gute pflanzliche Alternative zu Bienenwachs. Das Wachs wird aus den Blättern und Stängeln des Candelillastrauchs (Euphorbia antisyphilitica oder Euphorbia cerifera) gewonnen, der in Wüstengebieten im Norden Mexikos und Südwesten der USA wächst. Die Blätter und Stängel der reifen Pflanzen werden gekocht, wodurch das Wachs freigesetzt wird. Anschließend wird das Wachs gereinigt. Sein Schmelzpunkt liegt bei 70 °C, Candelillawachs ist damit etwas härter als Bienenwachs. Es kann als Verdickungsmittel in Cremes verwendet werden und eignet sich für rissige Haut und zarte Babyhaut.

Carnaubawachs

Dieses Wachs wird aus den Blättern der Carnaubapalme (Copernicia prunifera) gewonnen, die in Brasilien heimisch ist. Es wird durch

Zerkleinern der Blätter gewonnen und anschließend raffiniert und gebleicht. Es hat einen Schmelzpunkt von 85 °C.

Sheabutter oder Karitébutter

Sheabutter, auch Karitébutter genannt, wird häufig in Kosmetika verwendet. Die Nüsse des afrikanischen Sheabaums (Vitellaria paradoxa) werden zunächst getrocknet, um das wachsartige Fett aus ihnen gewinnen zu können. Sheabutter enthält die Vitamine A und E, hat einen Schmelzpunkt von 27 °C und kann in Salben, Lotionen, Seifen und Feuchtigkeitscremes verwendet werden.

Kakaobutter

Kakaobutter wird aus den Bohnen des Kakaobaums (Theobroma cacao) gewonnen. Durch das Mahlen der Kakaobohnen entsteht eine fetthaltige Masse, die gepresst wird, um rohe Kakaobutter und Kakaopulver herzustellen. Kakaobutter ist manchmal gebleicht. Ihr Schmelzpunkt liegt bei etwa 36 °C (darunter ist sie butterartig).

Lanolin

Lanolin (Wollfett) aus Schafwolle wird manchmal als Trägerstoff für Cremes verwendet. Es ist gut für extrem trockene und rissige Haut. Es riecht leicht nach Schaf, was nicht jeder mag. Der Schmelzpunkt von Wollfett liegt bei 42 °C.

Vaseline

Dieses salbenartige Produkt kann als Grundlage für Cremes verwendet werden. Da sie ein Nebenprodukt der Erdölverarbeitung ist, möchte ich sie nicht auf meine Haut auftragen. Ihr Schmelzpunkt liegt bei 40–60 °C.

ÄTHERISCHE ÖLE

Reine ätherische Öle werden aus Pflanzen, Blüten oder Harzen gewonnen, können aber auch synthetisch nachgebildet werden. Der Parfümeur Frank Bloem erklärt die Unterschiede (siehe auch Seite 216–219, hier erklärt Frank, wie Duftkerzen hergestellt werden).

Frank: »Ätherische Öle sind hochkonzentrierte, wohlriechende Öle, die in einigen Pflanzen vorkommen. Sie schützen Pflanzen zum Beispiel vor Schäden oder locken Insekten an. Reine ätherische Öle werden durch Destillation aus einer Pflanze gewonnen; einige Düfte werden synthetisch nachgebildet. Aroma-Öle oder naturidentische Öle sind synthetische Produkte. Ihre chemische Zusammensetzung kann identisch sein mit der Zusammensetzung natürlicher Öle, sie bestehen aber aus synthetischen Substanzen. Parfümeure kreieren aus einzelnen

Düften neue Mischungen. Dafür verwenden sie natürliche Öle wie zum Beispiel Eugenol (Nelkenduft), aber auch chemisch nachgebaute, vor allem, wenn das natürliche Öl selten und teuer ist.«

TIPP
Auf Seite 57 finden Sie eine Übersicht einiger belebender und beruhigender ätherischer Öle.

Ätherische Öle sollten Sie niemals unverdünnt direkt auf die Haut auftragen, sondern immer mit einem Basisöl wie Jojoba- oder Olivenöl mischen. Ein gutes Verhältnis ist 3–5 Tropfen ätherisches Öl auf 1–2 Esslöffel Basisöl.

LAVENDEL

(Lavandula angustifolia)

Lippenblütler – Lamiaceae

Das ätherische Öl des Lavendels wird wegen seines wunderbaren Duftes und seiner beruhigenden Wirkung auf das Nervensystem geschätzt. Das Öl lässt sich auch auf der Haut anwenden.

Wirkung auf die Haut
Antibakteriell, antiviral, antimykotisch und wundheilend. Außerdem beruhigend, entspannend, harmonisierend und schlaffördernd.

Anwendungsbereiche
Wunden, Verbrennungen, Hautentzündungen. Hilft auch bei Nervosität, Stress und Schlafproblemen.

Inhaltsstoffe
Ätherische Öle, Gerbstoffe, Bitterstoffe, Triterpene, Phenolsäuren und Flavonoide.

Verwendete Teile
Blüten oder ätherisches Öl.

WALDKIEFER

(Pinus sylvestris)

Kieferngewächse – Pinaceae

Das Besondere an der Kiefer ist ihr wunderbar harziger Duft. Das Harz und das ätherische Öl wirken antiseptisch, bakterizid und antimykotisch, die Kiefer ist also ein natürliches Antibiotikum. Sie wirkt luftreinigend und erleichtert die Atmung. Das gilt auch für die Fichte.

Wirkung
Luftreinigend, reinigend.

Inhaltsstoffe
Harze und Gummiharze, ätherische Öle, Bitterstoffe und Vitamin C.

Verwendete Teile
Triebspitzen, Nadeln und ätherisches Öl.

EUKALYPTUS

(Eucalyptus globulus)

Myrtengewächse - Myrtaceae

Eukalyptus hat eine antiseptische Wirkung und bekämpft Infektionen. Die Blätter enthalten ein ätherisches Öl, das das Atmen erleichtert. Deshalb wird Eukalyptus oft in Erkältungsbalsamen verwendet.

Wirkung auf die Haut

Antibakteriell und antiviral. Außerdem: luftreinigend.

Inhaltsstoffe

Ätherisches Öl, darunter Cineol (auch Eukalyptol genannt), Gerbstoffe, Flavonoide, Phenolsäuren und Triterpene.

Verwendete Teile

Die reifen Blätter und das ätherische Öl.

TEEBAUM

(Melaleuca alternifolia)

Myrtengewächse - Myrtaceae

Der Teebaum wuchs ursprünglich nur in Australien, wird aber inzwischen auch anderenorts angebaut. Die Verwendung seines ätherischen Öls ist auch bei uns etabliert. Viele Menschen verwenden ätherisches Teebaumöl wegen seiner antibakteriellen, antiviralen und antiparasitären Wirkung.

Wirkung auf die Haut

Reinigend, antibakteriell, antiviral und antimykotisch.

Inhaltsstoffe

Ätherische Öle und Oxide.

Verwendete Teile

Ätherisches Öl. Wird mit einem Trägeröl (z.B. Jojoba- oder Olivenöl) gemischt.

WEIHRAUCH-HARZ

Die harzigen Weihrauchkristalle stammen vom Weihrauchbaum, auch Boswellia genannt (Boswellia serrata, Boswellia carteri, Boswellia frereana und Boswellia sacra). Michelle Dinger vom Beauty-Label The Ohm Collection importiert reinen Weihrauch-Harz. Hier erläutert sie seine Verwendung.

Michelle: »Weihrauchöl und -harzbrocken wirken hautheilend. Ursprünglich wurde das Harz zur Einbalsamierung von Leichnamen und zur Reinigung von heiligen Räumen verwendet. Heute wird Weihrauch in Öl und Wasser innerlich zur Entgiftung angewandt, denn er besitzt sowohl eine antibakterielle als auch eine antiseptische Wirkung. Das Harz wird häufig in Hautpflegeprodukten verwendet, da es die Zellerneuerung anregt.«

Weihrauch wirkt gegen Arthritis, Entzündungen, Hautkrankheiten und Akne. Laut Michelle ist Harz aus Oman von besonders hoher Qualität. Die rote Art ist sehr selten. Weiße und grüne Harze sind leichter erhältlich und ebenfalls hochwertig. Sie werden als Balsam, Weihrauch, Kristalle und Öl verkauft.

Aus Weihrauch und anderen Harzen wie Kiefernharz kann man selbst eine Tinktur herstellen. Verwenden Sie 90%igen (vergällten) Alkohol zur äußerlichen Anwendung. Wenn Sie Weihrauch einnehmen wollen (was manche Menschen tun, um ihr Immunsystem zu stärken), legen Sie einen Klumpen in heißes Wasser oder kauen Sie ihn. Sie können auch eine Tinktur mit 40%igem Alkohol herstellen.

HYDROLATE

Hydrolate (auch Blütenwässer genannt) werden häufig in Hautpflegeprodukten verwendet. Sie fallen als Nebenprodukt bei der Extraktion von ätherischen Ölen an.
Ätherische Öle und Hydrolate werden durch Destillation gewonnen. Während des Destillationsprozesses entsteht Wasserdampf, der die löslichen Bestandteile der Pflanze enthält. Der Wasserdampf wird nach dem Abkühlen aufgefangen. Darauf schwimmt das ätherische Öl, das mit einer Pipette abgenommen wird. Was übrig bleibt, ist das Hydrolat. Hydrolate für die Haut werden beispielsweise aus Rosen, Lavendel, Orangenblüten, Zaubernuss (Hamamelis), Minze, Eukalyptus und Currykraut gewonnen. Rosenwasser, Orangenblütenwasser und Hamameliswasser kann man im Fachhandel kaufen.

Hydrolate selbst machen

Hydrolate lassen sich leicht selbst herstellen, obwohl die Qualität des Duftes variieren kann. Etwas Wasser in einen Topf geben und ein Dampfsieb hineinstellen. Die Pflanzenteile ins Sieb legen und ein leeres, hitzebeständiges Gefäß in die Mitte stellen. Einen Deckel mit der Wölbung nach unten auf den Topf legen und mit Eiswürfeln füllen. Dann den Herd einschalten. Das Wasser im Topf verdampft und steigt durch die Pflanzenteile hindurch nach oben. Der heiße Dampf trifft auf den eiskalten Deckel und kondensiert. Das Kondenswasser tropft dann an der konvexen Seite des Deckels hinunter in das hitzebeständige Gefäß.

Hydrolat aus Currykraut oder Bambus

Ein spezielles Hydrolat liefert das Currykraut (Helichrysum italicum), auch Strohblume genannt. Helichrysum-Hydrolat entspannt, stärkt und regeneriert die Haut. Es regt die Reparaturfähigkeit der Haut an und ist besonders für reife Haut zu empfehlen. Dieses Hydrolat ist auch ein schnelles Erste-Hilfe-Spray für Prellungen, Quetschungen und Wunden. Es lässt Schwellungen abklingen und wirkt sofort lindernd. Ein weiteres feines Hydrolat lässt sich aus Bambus gewinnen, einem siliziumreichen Gras, das anregend, beruhigend und entzündungshemmend wirkt. Bambus fördert die Produktion von Kollagen und ist ein Tonikum für Haut und Haar.

WEITERE GRUNDZUTATEN

Apfelessig
Apfelessig wird aus vergorenen Äpfeln produziert und kann zur Herstellung von Gesichtswasser und Haarspülungen verwendet werden. Er ist ein natürliches, trübes, unverarbeitetes und ungefiltertes Produkt. Die Essigmutter (die schwimmenden Fasern, aus denen der Essig wächst) sorgt dafür, dass die guten Stoffe in der Flüssigkeit erhalten bleiben.

Natron
Natron wird oft in Deodorants und Zahnpasta verwendet und kann maximal einmal wöchentlich auch für die Haarwäsche benutzt werden. In Zahncreme neutralisiert Natron Säuren im Mund und hilft, Zahnbelag zu entfernen. Außerdem wirkt das Pulver leicht abrasiv und hilft, graue Beläge wegzupolieren. Damit der Zahnschmelz nicht angegriffen wird, maximal alle zwei Wochen verwenden.

Pfeilwurzelmehl
Dies ist eine essbare Stärke, die aus den Wurzeln der Pfeilwurz-Pflanze (Maranta arundinacea) gewonnen wird, die im Regenwald wächst. Die Wurzeln werden gewaschen, zu Brei zerkleinert und in der Sonne getrocknet. Pfeilwurzelmehl ist ein natürliches Verdickungsmittel für Kosmetika, das die Haut pflegt und beruhigt.

Glyzerin
Glyzerin ist eine farblose, geruchlose Flüssigkeit aus Pflanzen. Sie bindet Feuchtigkeit und ähnelt einer Substanz, die in der oberen Hautschicht, dem Stratum corneum, vorkommt. Glycerin wird leicht von der Haut aufgenommen und ist wichtig für die Hautfeuchtigkeit.

Maisstärke
Stärke aus Mais wird manchmal zum Binden von Produkten verwendet. Gelegentlich dient sie auch als Füllstoff, etwa in Deodorants.

Salizin und Salizylsäure
Weidenrinde und Mädesüß enthalten Salizin, einen Stoff, der im Körper in Salizylsäure umgewandelt wird. Synthetische Acetylsalizylsäure ist der Wirkstoff in Aspirin. Manche Menschen lösen das Schmerzmittel in Wasser auf und tragen es auf die Haut auf, um Pickel und Pusteln zu bekämpfen. Stattdessen kann man aber auch Weidenrinde oder Mädesüß verwenden. Salizin lindert Entzündungen (Akne) und gereizte Haut. Es löst auch den Talg in den Poren und hilft so gegen Mitesser. Besonders geeignet für fettige Haut, Mischhaut oder gereizte Haut.

NAHRUNGSMITTEL ALS KOSMETIKA

Man sagt, was man sich auf die Haut schmiert, sollte man auch essen können. Tatsächlich eignen sich verschiedene Lebensmittel gut zur Pflege von Haut und Haar. Einige Lebensmittel sind schon lange als Hautpflege bekannt, etwa Gurke bei geschwollenen Augen oder Sonnenbrand, und Zitrone zum Aufhellen der Haare. Man kann aber auch Pflaumen- oder Aprikosenpüree als Maske verwenden oder Leinsamen auf die Haut auftragen. Und wie wäre es mit Reiswasser zur Haarpflege? Wirkt pflegend und stärkend!

Karotte enthält Vitamin A, verlangsamt die Hautalterung und hat eine aufbauende Wirkung. Als Maske oder öliger Auszug (siehe Seite 12–14).

Brokkolisamen enthalten Vitamin A, C und E und schützen vor Hautschäden durch freie Radikale. Man kann aus Samen gepresstes Öl kaufen oder selbst ein Mazerat herstellen.

Zucker hat eine aufbauende Wirkung auf die Haut. In manchen Krankenhäusern werden Wunden mit Zucker behandelt, um die Heilung zu fördern. Zucker ist auch als Peeling geeignet.

Honig besitzt ebenfalls eine heilende und stärkende Wirkung auf die Haut. Verwenden Sie Bio-Honig, am besten von einem Imker in Ihrer Nähe.

Kaffee wirkt antioxidativ. Kaffeebohnen können für ein Ölmazerat verwendet werden, und Kaffeesatz ist ein gutes Peeling.

Hafermalz enthält Inhaltsstoffe, die bei Windpocken, Hautreizungen und Hauterkrankungen wie Ekzemen die Heilung unterstützen. Einfach etwas Hafermalz in einen Waschhandschuh geben, fest zubinden und ins Badewasser geben.

Gurke wirkt kühlend, etwa bei Sonnenbrand. Gurkenscheiben werden auf die Augen gelegt, um Schwellungen abklingen zu lassen. Gurkensamen wirken gegen Entzündungen und enthalten viele Mineralien. Man kann sie für einen öligen Auszug verwenden.

Reiswasser ist ein nährendes Tonikum für die Haare. Einfach Reiskochwasser abkühlen lassen und in den Haaren verteilen.

Leinsamen-Gel eignet sich gut als Haarstylingprodukt (besonders für lockiges Haar). Die Leinsamen über Nacht in Wasser einweichen und den »Brei« als Styling-Gel oder als pflegende Maske verwenden.

Tomatenkernöl enthält Lycopin, ein Antioxidans, das die Haut vor vorzeitiger Alterung schützt.

Kürbiskerne enthalten Vitamin E und Mineralien, sie wirken hautregenerierend.

Avocado ist reich an ungesättigten Fettsäuren und wirkt pflegend und heilend. Eine halbe Avocado pürieren und 20 Minuten als Maske auf die Haut auftragen. Avocadoöl ist heilend und feuchtigkeitsspendend.

Banane enthält viel Vitamin E und hat feuchtigkeitsspendende Eigenschaften. Für trockene Haut eine Banane zerdrücken und einen Teelöffel Honig hinzufügen. Bei unreiner Haut einen Teelöffel Natron und einen halben Teelöffel Kurkumapulver hinzugeben.

Himbeeren haben eine antioxidative Wirkung auf die Haut, ebenso wie Sanddorn und Hagebutte. Alle können für Masken verwendet werden.

Kurkuma hat entzündungshemmende Eigenschaften. Das Pulver mit anderen Zutaten mischen, denn pur verwendet färbt es die Haut gelb.

GESICHTSPFLEGE

Das Besondere an selbst gemachten Produkten ist, dass Sie sie ganz auf ihren Hauttyp abstimmen können. Bei fettiger Haut beispielsweise empfehlen sich Aloe vera, Zitrone, Brennnessel oder Apfelessig, bei trockener Haut ein Öl aus Kamille und Ringelblume. Denkbar ist auch eine Tagescreme mit Sanddorn, Vitamin C und anderen Antioxidantien, um die Haut zu nähren und zu schützen, oder eine Nachtcreme mit beruhigendem Lavendel. Und wie wäre es mit einem Peeling aus Hagebuttenkernen, einem Dampfbad mit Kamille, einem Gesichtstonikum aus Schafgarbe oder einer Gesichtsmaske mit Hagebutte und Aloe vera?

RINGELBLUME
(Calendula officinalis)

Korbblütler - Asteraceae

Calendula hat wunderschöne orange-gelbe Blüten, die sich wegen ihrer vielen wertvollen Inhaltsstoffe sehr gut für die Herstellung von Hautpflegeprodukten eignen.

Wirkung auf die Haut
Wundheilend, adstringierend, beruhigend und blutstillend. Desinfizierend, antibakteriell, antiviral und antimykotisch. Stimuliert die Bildung neuer Blutgefäße. Enthält hautreparierende und heilende Substanzen wie Xanthophyll, Allantoin und Harze.

Anwendungsbereiche
Oberflächliche Wunden, Abschürfungen, Schnittwunden, schlecht heilende Wunden, Dekubitus, Hautentzündungen, Nesselsucht, Akne, Furunkel, Ekzeme, Abszesse, trockene Haut, Psoriasis, Lippenherpes, Gürtelrose, Hautpilz (z.B. Fußpilz), Warzen, Hühneraugen, Druckstellen, Schwielen und Fissuren (an Brustwarze oder After). Bei entzündeten Babypopos und Wundliegen Calendulaöl verwenden. Dieses Öl fördert auch die Hautheilung nach einer Strahlentherapie.

Inhaltsstoffe
Flavonglykoside, Xanthophyll, Allantoin, Harz, ätherische Öle, Bitterstoffe, Calendulin, Schleimstoffe, Saponine, Vitamin A und C, Kalzium, Silicium, Schwefel und Salizin.

Verwendete Teile
Für Öl und Salbe nur die Blüten der Ringelblume verwenden. Bei Wunden kann man ein Blatt auf die Wunde legen oder die Tinktur wie Jod anwenden. Ein Absud eignet sich für Kompressen.

RINGELBLUMENSALBE

Für die Salbe wird Ringelblumenöl benötigt, das zuerst hergestellt werden muss.

Zutaten für ca. 200 ml Öl

- sauberes Schraubglas (200 ml)
- 50–100 g frische Ringelblumenblüten
- 175 ml hochwertiges Sonnenblumen-, Oliven- oder Mandelöl
- Käseleinen

Das Glas mit den Blüten füllen und das Öl hinzugeben. Die Blüten müssen vollständig bedeckt sein. Das Glas mit Käseleinen abdecken und mit einem Gummiband fixieren. 4 Wochen an einen sonnigen Ort stellen. Jeden Tag umrühren, dann abseihen.

Für einen warmen Auszug frische oder getrocknete Blüten in eine Schüssel geben und mit Öl übergießen. Über einem Wasserbad 48 Stunden erwärmen (siehe Seite 14), dann abseihen. Ins Schraubglas füllen und verschließen.

Zutaten für 140 ml Salbe

- 20 g Bienenwachs
- 120 ml Ringelblumenöl
- 3 kleine Cremedöschen mit Deckel (à 50 ml)

Das Bienenwachs im Wasserbad erhitzen. Wenn das Bienenwachs vollständig geschmolzen ist, das Ringelblumenöl hinzufügen. Gründlich verrühren, dann in die Cremedöschen gießen. Vorsichtig umrühren, damit die Luftblasen entweichen können. Die Döschen bis knapp unter den Rand befüllen und ganz erkalten lassen. Die Deckel zuschrauben und Etiketten aufkleben.

SANDDORN
(Hippophae rhamnoides)

Ölweidengewächse – Elaeagnaceae

Sanddornbeeren, die man an unseren Küsten auf sandigen Böden findet, gehören zu meinen Favoriten! Sie enthalten viel Vitamin C und sind toll für die Haut. Aus den Beeren kann man ein Öl gewinnen und daraus eine Salbe herstellen, die viel Vitamin C und andere Antioxidantien enthält.

Das aus den Samen gepresste Öl ist reich an Omega-7-Fettsäuren. Diese sorgen dafür, dass sich Haut- und Schleimhautzellen schneller erneuern. Zum Ernten einfach einige reich tragende Zweige abbrechen (sie wachsen sehr schnell nach) und in den Gefrierschrank legen. Dann lassen sich die Beeren leicht abstreifen.

SANDDORN- ODER HAGEBUTTENÖL

Sanddorn und Hagebutten sind reich an Vitamin C, das der Haut ausgesprochen gut tut.

Zutaten für 150 ml

- 50 g Hagebutten oder 2 Handvoll Sanddornbeeren (alternativ je 50 g von beiden Früchten)
- sauberes Schraubglas (150 ml)
- 120 ml Mandelöl oder ein anderes hochwertiges Öl nach Wahl
- Käseleinen

Die Hagebutten halbieren und/oder die Sanddornbeeren leicht zerdrücken. Die Früchte in das Glas füllen und mit dem Öl bedecken. Das Glas mit Käseleinen abdecken und mit einem Gummiband fixieren. 4 Wochen stehen lassen, zwischendurch gelegentlich umrühren. Nach dem Abseihen ist das Öl gebrauchsfertig.

HUNDSROSE

(Rosa canina)

Rosengewächse - Rosaceae

Diese Rose ist unter vielen anderen Namen bekannt, etwa wilde Rose, Heckenrose oder Hagebuttenrose. Für Pflegeprodukte können die Hagebutten aller Rosenarten verwendet werden, auch von Gartenrosen. Man kann aus ihnen eine pflegende und vitamin-C-reiche Gesichtsmaske herstellen.

Wirkung auf die Haut

Antioxidativ, entzündungshemmend und entschlackend.

Inhaltsstoffe

Hagebutten: Vitamin C, Flavonoide (u.a. Rutin), Glykoside, Fruchtsäuren, Gerbstoffe, Anthocyane, Kohlenhydrate, Pektin, Carotinoide, Vitamin B1, B2, B3, B5, K und E.
Samen: ungesättigte Fettsäuren, ätherische Öle, Vitamin A und E, Anthocyane, anorganische Verbindungen, Vanillin und sehr geringe Mengen an Vitamin C.

Verwendete Teile

Frische Hagebutten.
Die Kerne können für ein Peeling getrocknet werden (vorher im Mörser zerstoßen). Auch Rosenblütenblätter werden oft in der Kosmetik verwendet. Sie duften herrlich und tragen mit ihren wundheilenden und adstringierenden Inhaltsstoffen zur Verfeinerung der Poren bei.

Aus Rosenblütenblättern kann man selbst Rosenwasser herstellen.

ROSENWASSER

Wunderbar für die tägliche Hautpflege.

Zutaten für ca. 250 ml

- 50–100 g getrocknete oder frische Rosenblütenblätter (von duftenden Sorten)
- 300 ml Wasser
- saubere Flasche mit Verschluss (250 ml)

Die Rosenblütenblätter in einen Topf geben und das Wasser hinzufügen. Aufkochen, dann bei schwacher Hitze 1 Stunde köcheln lassen. Den Herd ausschalten und die Mischung über Nacht ziehen lassen. Abseihen und das Rosenwasser in eine Flasche füllen. Verschließen.

Wie Sie Ihr eigenes Hydrolat aus Rosenblättern herstellen, erfahren Sie auf Seite 31.

ROSENWASSER MIT ZAUBERNUSS

Dieses duftende Wasser nährt und reinigt die Haut.

Zutaten für ca. 100 ml

- 100 ml Rosenwasser (siehe links)
- saubere Flasche mit Verschluss (100 ml)
- 15 Tropfen Zaubernusshydrolat (Hamameliswasser, selbst gemacht oder aus dem Fachhandel)

Rosenwasser in die Flasche füllen und das Zaubernusshydrolat hinzufügen.

ZAUBERNUSS

(Hamamelis virginiana)

Zaubernussgewächse – Hamamelidaceae

Zaubernuss verbessert die Durchblutung der Haut und wird häufig in Pflegeprodukten verwendet. Das darin enthaltene Proanthocyanidin hilft gegen Lippenherpes.

Wirkung auf die Haut

Desinfizierend und wundheilend. Verbessert die Durchblutung.

Anwendungsbereiche

Ekzeme, Juckreiz, Rosazea, Insektenstiche und Fieberbläschen. Zur Behandlung von Lippenherpes eignet sich Zaubernusshydrolat (Hamameliswasser) oder eine Tinktur, die im Verhältnis 1:3 mit Wasser verdünnt wird.

Inhaltsstoffe

Gerbstoffe, Saponine, Cholin, Flavonglykoside, Harz und Proanthocyanidine.

Verwendete Teile

Blatt und Rinde.
Man kann daraus eine Tinktur, einen Aufguss, ein Hydrolat oder Zaubernusswasser herstellen (Blätter und Rinde in Wasser ziehen lassen).

TAG- ODER NACHTCREME NACH NELE ODEUR

Ich kenne Nele Odeur als sehr gute Kollegin, die mit viel Engagement und Leidenschaft Workshops anbietet. Sie hat das Wissens- und Erfahrungszentrum Scent & Spice gegründet, das sich mit Ethnobotanik (die Nutzung von Pflanzen durch den Menschen) beschäftigt. Nele gibt Kurse und Workshops über medizinische, kulinarische und kosmetische Pflanzen und ist Gastdozentin für Ethnobotanik an der Universität Wageningen. Im Laufe der Zeit hat sie sich auf Pflanzeninhaltsstoffe, Pflanzenverarbeitung und die Wirkung von Pflanzen auf das menschliche Gehirn spezialisiert.

Nele bezeichnet sich selbst als Pflanzenfreak, Lebenskünstlerin, Traumfängerin und »Wortschöpferin«. Ihr Interesse an der Funktionsweise des Gehirns führte dazu, dass sie sich mit Kreativität und kreativem Denken befasste. Daraus entwickelte sich ein Mentoring-Programm für kreative Lebensweisen. Auf den folgenden Seiten verrät Nele ihr Rezept für eine Tages- oder Nachtcreme.

Nele: »Eine Creme ist eine Mischung aus einer Wasser- und einer Fettkomponente. Da sich Wasser und Fett von Natur aus nicht vermischen, braucht man einen Emulgator, sodass Fett und Wasser eine homogene Masse bilden – die Creme.

Die Fettkomponente besteht aus Ölmazeraten, also Ölen, die Inhaltsstoffe von Pflanzen aufgenommen haben (siehe Seite 12–14). Wählen Sie immer Öle, die zu Ihrem Hauttyp passen. Die Zusammensetzung der Fettsäuren bestimmt, für welchen Hauttyp ein Öl geeignet ist. Für trockene oder empfindliche Haut sind Mandel- und Avocadoöl sehr gut geeignet. Für fettige oder unreine Haut wählen Sie besser Traubenkern- und Jojobaöl. Für normale Haut können Sie Aprikosenkern- und Jojobaöl verwenden.

Als Wasserkomponente können Sie Hydrolate (destillierte Pflanzenwässer), Aufgüsse (Kräutertees) oder Absude (Abkochungen) verwenden. Ich bevorzuge Hydrolate. Durch das Destillationsverfahren sind sie steril, was das Risiko des Verderbens und der Schimmelbildung verringert. Sie können sie selbst herstellen oder kaufen. Hydrolate mit pflegender Wirkung auf die Haut werden beispielsweise aus Lavendel, Orangenblüten, Zaubernuss, Echter Kamille, Rose, Holunderblüten und Schafgarbe gewonnen. Aloe vera ist eine weitere Zutat, die als Wasseranteil in Frage kommt.

Geeignete Emulgatoren für die Naturkosmetik sind Lamécreme und Cetylalkohol. Eine Kombination aus beiden ergibt eine weiche Creme, die selten misslingt und daher für Anfänger sehr gut geeignet ist.

Da eine Creme Wasser enthält, verdirbt sie recht schnell. Es ist daher ratsam, ein natürliches Konservierungsmittel hinzuzufügen, es sei denn, man stellt kleine Mengen her, die man innerhalb von ein oder zwei Wochen aufbraucht.

Neben Emulgatoren und Konservierungsmitteln gibt es eine Vielzahl von Stoffen, die zugesetzt werden können, um eine bestimmte medizinische oder kosmetische Wirkung zu erzielen, beispielsweise spezielle Wirkstoffe (Proteine, Mineralien und dergleichen), pflegende Öle (wie Sanddorn- oder Kaktusfeigenöl) oder ätherische Öle, die durch ihre Heilwirkung und ihren Duft überzeugen. Ätherische Öle müssen nach dem Erkalten der Creme eingerührt werden, damit die Aromastoffe nicht verdunsten.

Die Möglichkeiten für Zusätze und Kombinationen sind endlos.

Der Unterschied zwischen einer Tages- und einer Nachtcreme liegt allein in der Wahl der Öle. Für die Zubereitung einer Nachtcreme werden häufiger etwas reichhaltigere und fettigere Öle gewählt, die während der Nacht langsam einziehen können. Tagsüber könnten dieselben Öle ein fettiges Gefühl und einen speckigen Glanz verursachen. Auch die Wahl der ätherischen Öle ist entscheidend, denn sie können belebend oder beruhigend wirken. Ein belebendes ätherisches Öl in einer Nachtcreme kann die Nacht zum Tag machen. Achten Sie daher bei der Zugabe ätherischer Öle nicht nur auf den Duft, sondern auch auf die Wirkung. Hier finden Sie eine Liste ätherischer Öle, die sich für die Verwendung in Hautpflegeprodukten eignen, sortiert nach ihrer Wirkung auf das Nervensystem.«

Belebende ätherische Öle

Basilikum
Eukalyptus
Grapefruit
Ingwer
Oregano
Patchouli
Pfeffer
Pfefferminz
Rosmarin
Salbei
Teebaum
Thymian
Wacholder
Waldkiefer
Weißtanne
Zimt
Zitrone

Entspannende ätherische Öle

Atlaszeder
Benzoe
Bergamotte
Geranium
Jasmin
Kamille
Lavendel
Mandarine
Melisse
Muskatellersalbei
Orange
Orangenblüte
Petitgrain
Rose
Sandelholz
Vetiver
Ylang Ylang

Zutaten für 100 ml Creme

- 20 g Ölmazerat aus Schafgarbe
- 20 g Ölmazerat aus Kamille
- 10 g Lamécreme (Emulgator)
- 2 g Cetylalkohol (Emulgator und Stabilisator)
- 40 g Hydrolat nach Wahl
- 20 g Aloe-vera-Gel
- optional: 1 g Rokonsal (natürliches Konservierungsmittel)
- optional: 20–40 Tropfen ätherisches Öl nach Wahl
- 2 Messbecher
- Thermometer
- Handmixer
- sauberes Schraubglas (100 ml)

Die Ölmazerate von Schafgarbe und Kamille nach dem Rezept auf Seite 12–14 herstellen. Von jedem Mazerat 20 g abwiegen und zusammen in einen Messbecher geben. Lamécreme und Cetylalkohol hinzufügen. Hydrolat und Aloe-vera-Gel in einen zweiten Messbecher geben. Beide Messbecher im Wasserbad auf 60–70 °C erhitzen. Vom Herd nehmen, wenn alle Fette und Emulgatoren geschmolzen sind. Beide Komponenten müssen die gleiche Temperatur haben, damit die Creme nicht gerinnt. Den Mixer in den Becher mit den Fetten setzen und einschalten. Die Wasserkomponente unter ständigem Rühren langsam zugießen. 1–2 Minuten rühren, bis eine homogene Creme entsteht. Auf Zimmertemperatur abkühlen lassen, dann nach Wunsch Konservierungsmittel und ätherisches Öl unterrühren. Die Creme in ein sauberes Glas füllen, verschließen und mit einem Etikett oder Anhänger versehen.

TIPP

Sie können bei der Herstellung der Creme mit den Mengen spielen. Für eine fettere Creme den Fettanteil erhöhen, beispielsweise um 10 g. Wenn Sie eine leichtere Creme wünschen, erhöhen Sie den Wasseranteil ein wenig.

Hilfe, die Creme gerinnt

Manchmal gerinnt die Creme bei der Zubereitung. Es sieht dann so aus, als würden kleine Fettbrocken in wässriger Flüssigkeit schwimmen und sich nicht vermischen. Dafür kann es verschiedene Gründe geben, beispielsweise eine zu hohe Umgebungstemperatur oder ungleiche Temperaturen von Fett- und Wasserkomponente. Versuchen Sie, die Creme mit dem Mixer auf höchster Stufe glatt zu rühren. Gelingt das nicht, können Sie einen Spritzer kaltes Wasser oder Hydrolat zugeben und weitermixen. In den meisten Fällen erhalten Sie dann immer noch eine homogene Creme.

KAMILLE

(Matricaria chamomilla)

Korbblütler - Asteraceae

Die hübschen weiß-gelben Blüten haben eine heilende Wirkung auf Haut und Haar. Die Echte Kamille ist daran zu erkennen, dass das Blütenherz innen hohl ist. Die Blätter sind gefiedert. Ein sicheres Erkennungszeichen ist auch der intensive Kamillenduft. Regelmäßige Spülungen mit Kamillentee verleihen dem Haar mit der Zeit einen schönen Glanz und einen etwas helleren Farbton.

Wirkung auf die Haut

Entzündungshemmend und desinfizierend.

Anwendungsbereiche

Schlecht heilende Wunden, Dekubitus, Ekzeme und entzündete Haut. Bei empfindlicher Haut gut in Kombination mit Ringelblume. Bei Pilzinfektionen besonders in Kombination mit Teebaumöl.

Inhaltsstoffe

Ätherisches Öl Chamazulen, Bitterstoffe, Gerbstoffe, Schleimstoffe, Methylsalicylat, Cumarine, Flavonoide, Mineralstoffe wie Kalzium, Phosphor und Schwefel, Vitamin C und B4 (Cholin).

Verwendete Teile

Blüten für eine Tinktur, Tee, Aufguss oder Öl. Das Öl wiederum dient als Grundlage für eine Salbe.

KÜHLENDE, LINDERNDE CREME

Diese Creme eignet sich gut zur Beruhigung gereizter Haut.

Zutaten für 250 ml

- 50 ml Kamillentinktur
- 40 ml Schafgarbenöl
- 100 ml Kamillenaufguss
- 10 g Bienenwachs
- 20 g Emulgator
- 50 ml Aloe-vera-Gel (aus dem frischen Blatt gepresst oder aus der Tube)
- optional: 20 Tropfen ätherisches Öl, 5 Tropfen Vitamin-E-Öl und 1 EL Zaubernusshydrolat (Hamameliswasser)
- optional: Konservierungsmittel (verlängert die Haltbarkeit der Creme)
- sauberes Schraubglas (250 ml)

Zuerst Kamillentinktur, Schafgarbenöl und Kamillenaufguss herstellen

Kamillentinktur. 50–100 g Kamillenblüten in ein Glas geben, mit 150 ml hochwertigem Wodka übergießen und 6 Wochen stehen lassen. Zwischendurch gelegentlich schütteln. Abseihen – fertig ist die Tinktur.

Schafgarbenöl. 50–100 g Schafgarbenblüten und -blätter in ein sauberes Glas füllen und mit 150 ml hochwertigem Öl bedecken. Das Glas mit Käseleinen abdecken und mit einem Gummiband fixieren. Jeden zweiten Tag umrühren. Etwa 4 Wochen stehen lassen. Durch ein Käseleinen oder feines Sieb abseihen.

Kamillenaufguss. 100 g frische oder getrocknete Kamillenblüten in ein sauberes Gefäß geben. Mit 500 ml heißem, nicht mehr kochendem Wasser übergießen. Etwa 10 Minuten ziehen lassen, dann abseihen.

Dann die Creme herstellen

Schafgarbenöl, Bienenwachs und Emulgator im Wasserbad erhitzen. In einem anderen Topf Kamillentinktur, Kamillenaufguss und Aloe-vera-Gel erhitzen. Beide Mischungen sollten etwa die gleiche Temperatur haben. Die Kamille-Aloe-vera-Mischung langsam unter ständigem Rühren zur Ölmischung geben. Weiterrühren, bis eine gleichmäßige Creme entstanden ist. Nach dem Abkühlen nach Belieben ätherisches Öl, Vitamin-E-Öl, Hydrolat und erst am Ende das Konservierungsmittel zugeben. In ein Glas füllen, mit dem Deckel verschließen und ein Etikett aufkleben.

SCHAFGARBE

(Achillea millefolium)

Korbblütler - Asteraceae

Die Schafgarbe ist gut für unser Kreislaufsystem, denn die Pflanze wirkt blutstillend und fördert die Wundheilung. Ein echtes Erste-Hilfe-Kraut also, das man zum Beispiel bei (blutenden) Schürfwunden nach einem Sturz verwenden kann. Der Name Achillea stammt von Achilles, dem mythologischen Feldherrn, der die Wunden seiner Soldaten mit Schafgarbe behandelte.

Wirkung auf die Haut

Regt die Durchblutung an, ist blutstillend und wundheilend.

Anwendungsbereiche

Blutende Schürfwunden, Akne und andere Hautunreinheiten.

Inhaltsstoffe

Ätherisches Öl, Flavonoide, Alkaloide, Phenolsäuren, Gerbstoffe, Cumarine, Mineralstoffe wie Kalium, Natrium, Kalzium und Phosphor und Vitamin C, B1, B2 und B4 (Cholin).

Verwendete Teile

Blüten und Blätter.
Eine Tinktur kann direkt auf Wunden gesprüht werden (siehe Seite 67).
Ein Öl aus Blüten und Blättern kann direkt auf die Haut aufgetragen werden oder als Grundlage für eine Salbe dienen.

SCHAFGARBENSPRAY

Schafgarbe ist eine wertvolle Pflanze für die Haut. Sie fördert die Wundheilung, daher habe ich immer ein Spray für kleine Wunden im Haus. Schafgarbenspray hilft aber auch sehr gut bei Akne oder anderen Hautunreinheiten.

Zutaten für 200 ml

- sauberes Schraubglas (200 ml)
- 25–50 g Schafgarbenblüten und -blätter
- 175 ml Wodka
- Quellwasser
- saubere Zerstäuberflasche (200 ml)

Das Gefäß bis an den Rand mit Blüten und Blättern füllen. Die Pflanzenteile mit dem Alkohol bedecken. Den Deckel schließen und ein Etikett aufkleben. 6 Wochen stehen lassen, dann abseihen. Die fertige Tinktur im Verhältnis 1:3 mit Wasser mischen und in die Zerstäuberflasche füllen.

JOHANNISKRAUT
(Hypericum perforatum)

Johanniskrautgewächse - Hypericaceae

Das Johanniskraut ist eine meiner Lieblingspflanzen. Sein Name verweist auf die Hochblüte um den Johannistag, den 24. Juni. Ein paar Wochen vor und nach diesem Termin sind die Blüten am schönsten und ihre Wirkung ist am stärksten.

Wirkung auf die Haut
Desinfizierend, wundheilend und lindernd.

Anwendungsbereiche
Operationswunden, tiefe oder entzündete Wunden, Verbrennungen, Sonnenbrand, Narben, Pickel (mit unverdünnter Tinktur betupfen).

Inhaltsstoffe
Hypericin, Hyperforin, Flavonoide, Phenolsäuren, Gerbstoffe, Bitterstoffe, ätherische Öle, Harze und Vitamin A, B und C.

Verwendete Teile
Blütenknospen für die Tinktur. Sie kann unverdünnt wie Jod aufgetragen werden.
Blüten für das Öl. Um den 24. Juni ist der Gehalt an roter Farbe in der Blüte am höchsten. Pflücken Sie die Blüten mit den roten Staubgefäßen. Das Öl kann pur verwendet werden oder als Basis für eine Salbe dienen. Kann auch innerlich angewendet werden: Bei nervöser Anspannung und Magenkrämpfen einen Teelöffel auf nüchternen Magen einnehmen.

JOHANNISKRAUTÖL

Johanniskraut ist ein echtes Erste-Hilfe-Mittel: Es wirkt desinfizierend, wundheilend und lindernd bei Sonnenbrand, offenen Wunden, Operationswunden, tiefen Wunden und leichten Verbrennungen.

Zutaten für 200 ml
- 50–100 g frische Johanniskrautblüten: nur die schönen gelben Blüten mit Staubgefäßen
- sauberes Schraubglas (200 ml)
- ca. 175 ml hochwertiges Sonnenblumen-, Oliven- oder Mandelöl
- Käseleinen

Die Blüten (einschließlich der Staubgefäße) in das Glas geben und bis zum Rand mit Öl aufgießen. Die Blüten müssen vollständig bedeckt sein. Umrühren, damit die Luftblasen entweichen. Das Glas mit Käseleinen abdecken und mit einem Gummiband fixieren. 2–4 Wochen an einem sonnigen Ort stehen lassen. Jeden Tag umrühren. Danach das rote Öl abseihen.

ROSENSALBE MIT JOHANNISKRAUTÖL

Sie können diese Salbe auf Hautausschläge, Sonnenbrand oder Fieberbläschen auftragen.

Zutaten für 120 ml
- 20 g Bienenwachs
- 100 ml Johanniskrautöl (siehe links)
- sauberes Schraubglas (120 ml)

Das Bienenwachs im Wasserbad schmelzen. Das Johanniskrautöl zugeben, gut verrühren und in das Glas gießen. Erkalten lassen, erst dann mit dem Deckel verschließen.

Weitere Tipps gegen Sonnenbrand
Gurkenscheiben auf die Haut legen. Reines Aloe-vera-Gel auf die Haut auftragen.

SPITZ- UND BREIT-WEGERICH

(Plantago lanceolata en Plantago major)

Wegerichgewächse – Plantaginaceae

Beide Wegericharten sind für ihre Heilwirkung bekannt.

Wirkung auf die Haut

Das Blatt ist blutstillend und wundheilend und kann direkt auf die Haut gelegt werden. Die Samen haben eine entzündungshemmende Wirkung.

Anwendungsbereiche

Blutende Wunden sowie Schürf- und Schnittwunden, Insektenstiche, allergische Hautreaktionen und Entzündungen der Haut.

Inhaltsstoffe

Gerbstoffe, Mineralstoffe wie Schwefel, Eisen, Kalium, Kalzium, Phosphor, Natrium, Silizium und Zink, Vitamin C und B4 (Cholin), Glykosid Aucubin, Xanthophyll, Harz, Bitterstoffe, organische Säuren und Alkaloide. Schleimstoffe in den Samen.

Verwendete Teile

Blätter des Spitzwegerichs während der Blütezeit für eine Tinktur ernten. Sie kann für Kompressen oder zur Herstellung eines Sprays gegen Insektenstiche verwendet werden. Ausgewachsene Blätter schnell trocknen und so wenig wie möglich berühren. In große Stücke schneiden und einen Aufguss für Kompressen daraus zubereiten Die Samen des Breitwegerichs enthalten viele Schleimstoffe (sogar mehr als Leinsamen) und können für Umschläge bei Hautinfektionen verwendet werden – ebenso wie Flohsamen, die von der verwandten Art *(Plantago psyllium)* stammen.

WEGERICHSALBE

Wegerichsalbe hat sich bei blutenden oder schlecht heilenden Wunden, Blutergüssen, Rosacea, allergischen Ausschlägen und schlechter Durchblutung bewährt. Stellen Sie zunächst ein Wegerichöl her, das die Grundlage für die Salbe bildet.

Zutaten für 200 ml Öl
- 25–50 g Wegerichblätter
- sauberes Schraubglas (200 ml)
- ca. 175 ml Bio-Oliven- oder Sonnenblumenöl
- Käseleinen

Junge, frische Blätter an einem trockenen Tag am späten Vormittag ernten (wenn der Tau getrocknet ist). Vorsichtig abtupfen oder eine Weile auf einem Tuch trocknen lassen, dann in kleine Stücke schneiden. Das Glas bis knapp unter den Rand mit Blättern füllen und mit Öl aufgießen, bis sie vollständig bedeckt sind. Das Glas mit Käseleinen abdecken und mit einem Gummiband fixieren. Etwa 4 Wochen an einem hellen Ort stehen lassen, dabei gelegentlich umrühren. Das Öl abseihen.

Zutaten für 120 ml Salbe
- 20 g Bienenwachs
- 100 ml Wegerichöl
- optional: 10 Tropfen ätherisches Öl nach Wahl für den Duft
- sauberes Schraubglas (125 ml)

Das Bienenwachs in ein Gefäß geben und im Wasserbad erhitzen. Wenn das Wachs geschmolzen ist, das Wegerichöl hinzufügen und verrühren. Das ätherische Öl einrühren und die Mischung in das Glas füllen. Vollständig erkalten lassen, dann den Deckel zuschrauben. Ein Etikett auf das Glas kleben.

TIPP
Auf die gleiche Weise kann man auch Schafgarbensalbe herstellen.

WEGERICHSAFT AUS GEKOCHTEN BLÄTTERN

Der Saft beruhigt die Haut bei Reizungen, Ausschlägen und Sonnenbrand.

Zutaten für etwa 120 ml
- 20 g (ca. 10 Blätter) Breit- oder Spitzwegerich
- 150 ml Wasser

Die Blätter mit dem Wasser in einen Topf geben und 5 Minuten kochen lassen. Erkalten lassen und auf der Haut verteilen. Der Saft ist maximal 2 Tage haltbar.

WEISSE TAUBNESSEL

(Lamium album)

Lippenblütler - Lamiaceae

Die Taubnessel wächst oft in der Nähe der Brennnessel und sieht ihr ähnlich, nur dass die Taubnessel weiße Blüten und keine Nesselhärchen hat. Sie lindert sogar Reizungen durch die Brennnessel. Einfach mit einem Blatt über die Haut reiben, und das Brennen lässt sofort nach.

Wirkung auf die Haut

Macht die Haut weich und fördert die Wundheilung (dank des Inhaltsstoffes Xanthophyll).

Anwendungsbereiche

Trockene Ekzeme und Wunden, und wenn die Haut mit Brennnesseln in Berührung gekommen ist.

Inhaltsstoffe

Schleimstoffe, Gerbstoffe, ätherische Öle, Bitterstoffe, Saponine, Vitamin C und B4 (Cholin), Xanthophyll, Histamin und Kalium.

Verwendete Teile

Frische Blätter und blühende Spitzen für einen Aufguss oder eine Tinktur, auch in Suppen und Salaten.
Die blühenden Spitzen für einen Tee verwenden. Das Trocknen der Knospen dauert sehr lange.

13.

GUNDERMANN

(Glechoma hederacea)

Lippenblütler - Lamiaceae

Der Gundermann ist eine Heilpflanze, die traditionell zur Wundversorgung verwendet wird. Als Erste Hilfe kann man einfach ein Blatt kauen und den Brei direkt auf die Wunde geben. Gundermann-Öl wird bei Ohrenschmerzen äußerlich um das schmerzende Ohr herum in die Haut einmassiert.

Anwendungsbereiche

Insektenstiche und Brennnesselreizungen, schlecht heilende Wunden und Entzündungen.

Inhaltsstoffe

Bitterstoffe (Glechomine), Gerbstoffe, ätherische Öle, organische Säuren, Saponine, Vitamin B4 (Cholin) und C, und die Mineralstoffe Kalium, Kalzium und Silicium.

Verwendete Teile

Das blühende Kraut (Blatt und Blüte) für eine Tinktur, Öl oder Tee.
Frische Blätter im Frühjahr für einen Aufguss oder im Salat. Man kann auch ein Pesto daraus zubereiten.

GÄNSEBLÜMCHEN
(Bellis perennis)

Korbblütler - Asteraceae

Das Gänseblümchen ist wunderbar für die Haut. Traditionell werden Öl oder Salbe mit Gänseblümchen bei Hautausschlägen und Kinderkrankheiten mit Ausschlag, zum Beispiel Windpocken, verwendet.

Wirkung auf die Haut
Lindert Schmerzen und Juckreiz, wirkt entzündungshemmend und antibakteriell.

Anwendungsbereiche
Prellungen, Quetschungen und schwer heilende Wunden, Kinderkrankheiten mit Hautausschlägen wie Röteln, Masern, Drei-Tage-Fieber und Windpocken. Für Hautspülungen und Kompressen bei Hautausschlägen.

Inhaltsstoffe

Saponine, Schleimstoffe, Gerbstoffe, Bitterstoffe, Flavonglykoside, ätherische Öle, Vitamin C, Kalzium, Magnesium, organische Säuren und Inulin.

Verwendete Teile
Blüten mit Stängeln und Blättern für eine Tinktur.
Kompresse mit verdünnter Tinktur: 40 Tropfen Tinktur auf 1 Liter abgekochtes, abgekühltes Wasser.
Blüten für einen Tee, Aufguss oder Ölmazerat.

UNGARISCHES WASSER

Dieses Rezept ist sehr alt und wird immer noch für die Herstellung einer Gesichtslotion verwendet. Im Jahr 1300 stellte ein Alchemist die Lotion für die Königin von Ungarn her, um ihre Jugend zu bewahren. Andere behaupten, dass dieses alte Rezept von wandernden Nomaden stamme. Es ist ein wunderbares pH-neutrales Gesichtswasser, das die Haut beruhigt und die Poren verfeinert. Auch auf die Haare wirkt es beruhigend und pflegend.

Zutaten für ca. 200 ml
- 6 g Melissenblätter
- 4 g Kamillenblüten
- 4 g Rosenblütenblätter
- 3 g Ringelblumen
- 3 g Beinwellblätter
- 1 g Rosmarinblätter
- Schale von ½ Bio-Zitrone
- sauberes Schraubglas (200 ml)
- 175 ml Apfelessig
- 50 ml Rosendestillat oder Zaubernusshydrolat (Hamameliswasser)

Alle Pflanzenteile und Zitronenschale in das Glas geben. Mit Essig auffüllen, bis die Pflanzenteile vollständig bedeckt sind. Den Deckel schließen und das Glas 3-4 Wochen bei Zimmertemperatur stehen lassen. Den Extrakt abseihen und die Flüssigkeit im Verhältnis 1:1 mit Rosendestillat oder Zaubernusshydrolat mischen. Für ein 100-ml-Glas brauchen Sie also 50 ml Extrakt und 50 ml Destillat/Hydrolat.

Wenn Sie den leicht säuerlichen Geruch von Apfelessig nicht mögen, verwenden Sie nur Zaubernusshydrolat oder Rosendestillat. Kühl und dunkel aufbewahren.

Die Mischung in einen Zerstäuber geben. Täglich morgens oder abends als Gesichtswasser auf die Haut sprühen.

VERJÜNGENDES GESICHTSÖL

Dieses Öl empfiehlt sich besonders bei trockener und reifer Haut.

Zutaten für ca. 200 ml

- 50 ml Moringaöl
- 50 ml Jojobaöl
- 3 g Brennnessel- oder Schachtelhalm-Blätter
- 3 g Ringelblumen
- 3 g Kamillenblüten
- 3 g Hibiskusblüten
- 100 ml Hagebuttenöl
- Käseleinen
- saubere dunkle Flasche (200 ml)

Sie können auch 200 ml eines einzigen Basisöls verwenden.

Nach Belieben

- 20 Tropfen ätherisches Rosenöl
- 20 Tropfen Vitamin-E-Öl

Moringa- und Jojobaöl mit den getrockneten Pflanzenteilen in ein Glasgefäß geben und etwa 48 Stunden im Wasserbad erwärmen. Nachts den Herd abschalten und morgens wieder einschalten. Abkühlen lassen, das Öl durch Käseleinen abseihen und die Pflanzen auspressen. Hagebuttenöl sowie nach Belieben Rosenöl und Vitamin-E-Öl zugeben. Gründlich mischen und in die Flasche füllen. Mit dem Deckel verschließen.

GESICHTS-REINIGUNG

Zur Hautreinigung eignen sich Dampfbäder, aber auch hausgemachte Reinigungsmittel, ein Hydrolat oder ein Aufguss aus Blüten oder Pflanzen.

DAMPFBÄDER

Ein Dampfbad ist eine gute Methode, um die Haut porentief zu reinigen. Anschließend kann man ein verdünntes Hydrolat auftragen, um sie wieder zu verengen. Ich bevorzuge Dampfbäder mit Kamille, aber Sie können auch andere Pflanzen verwenden wie Rosen, Eukalyptus, Kiefer oder Lavendel.

Die Pflanzenteile in eine Schüssel geben und mit heißem Wasser übergießen. Das Gesicht über die Schüssel halten und ein Handtuch über Kopf und Schultern hängen, damit der Dampf intensiv auf die Gesichtshaut einwirkt. Ein Dampfbad sollte 20 Minuten dauern, eventuell in mehreren Intervallen à 5 Minuten.

KLETTEN-LABKRAUT

(Galium aparine)

Rötegewächse – Rubiaceae

Kletten-Labkraut bindet Giftstoffe und fördert deren Abtransport. Es kann sowohl äußerlich als auch innerlich angewendet werden.

Wirkung auf die Haut

Geweberegenerierend und reinigend.

Anwendungsbereiche

Unreine Haut, Ekzeme, Schuppenflechte, Geschwüre, Wunden und Arthritis.

Inhaltsstoffe

Bittere Iridoide, organische Säuren, Gerbstoffe, Cumarine, roter Farbstoff und Flavonoide.

Verwendete Teile

Zweige, Blätter und Blüten für eine Tinktur, Tee oder Aufguss.

EISWÜRFEL MIT KLETTEN-LABKRAUT UND ALOE VERA

Diese Eiswürfel kühlen und beruhigen gereizte Haut.

Zutaten für 12 Eiswürfel

- 1 Handvoll Kletten-Labkraut
- 50 ml Wasser
- 50 ml Aloe-vera-Gel

Kletten-Labkraut mit Wasser und Aloe-vera-Gel in einem Standmixer glatt pürieren. In eine Eiswürfelform füllen und 12 Stunden einfrieren.

HIBISKUS
(Hibiskus)

Malvengewächse - Malvaceae

Der mit der Malve verwandte Hibiskus wird häufig in der Kosmetik verwendet. Er spendet Feuchtigkeit, schützt vor vorzeitiger Hautalterung und verleiht dem Haar Glanz. Er wächst hauptsächlich in warmen Klimazonen, gedeiht aber auch bei uns recht gut. Verwendet werden die frischen oder getrockneten Blüten.

MALVE
(Malva sylvestris)

Malvengewächse - Malvaceae

Malve beruhigt die Haut und lindert Reizungen.

Wirkung auf die Haut
Beruhigt Hautentzündungen. Hilft auch, Furunkel, Geschwüre und Abszesse reifen zu lassen und aus der Haut zu ziehen.

Anwendungsbereiche
Hautentzündungen, trockene Ekzeme und Schuppenflechte. Zur inneren und äußeren Anwendung.

Verwendete Teile
Blüten und Blätter.
Für einen Aufguss oder ein Mazerat die Blüten in kaltem Wasser einweichen, dann langsam erhitzen. Die Hitze abstellen, bevor das Wasser kocht.
Die frischen Blätter: zum Auspressen von Saft.

AUFGUSS AUS HIBISKUS ODER MALVE

Ein Aufguss aus Hibiskus ist wunderbar für Haut und Haar: Er nährt und spendet Feuchtigkeit. Außerdem färben die Blüten das Wasser schön rosa!
Eine Handvoll getrocknete Blüten in einen Krug geben und mit abgekochtem Wasser aufgießen. Abkühlen lassen. Zum Reinigen und Pflegen der Haut oder als Haarspülung verwenden. Für einen Aufguss mit Malve die Blüten zuerst in kaltem Wasser einweichen und dann langsam erhitzen.

MASKEN

Masken können auf verschiedene Weise hergestellt werden. Sie können Produkte aus der Küche verwenden, aber auch Pflanzen, die in Ihrer Umgebung wachsen. Auch Tonerde, Hydrolate und Apfelessig sind bewährte Zutaten für Masken.

REINIGENDE GESICHTSMASKE

Eine angenehme Maske mit Aloe vera, Tonerde und Olivenöl.

Zutaten für 1 Maske

- 10 g Aloe vera
- 10 g (1 EL) Tonerde (Pulver)
- 1 TL Olivenöl

Alle Zutaten gründlich verrühren, auf das Gesicht auftragen und 20 Minuten einwirken lassen. Mit lauwarmem Wasser abspülen.

3 EINFACHE MASKEN

Für die folgenden Masken benötigen Sie jeweils nur 2 Zutaten. Einfach mischen und fertig ist die Maske.

Zutaten für 1 adstringierende Maske

- 5 g (1 TL) rote Tonerde
- 1 TL Rosenwasser

Zutaten für 1 nährende Maske

- 5 g (1 TL) weiße Bentonit-Tonerde
- 1 TL Zaubernusshydrolat (Hamameliswasser)

Zutaten für 1 reinigende Maske

- 5 g (1 TL) Heilschlamm vom Toten Meer (Pulver)
- 1 TL Apfelessig

NÄHRENDE MASKEN

GESICHTSMASKE MIT INGWER UND KURKUMA

Curcumin ist ein stark entzündungshemmender Bestandteil von Kurkuma, darum wird Kurkuma erfolgreich bei Pickeln und Akne eingesetzt. Curcumin ist auch ein Antioxidans und hilft, Falten und Pigmentflecken zu reduzieren und Wunden und Blutergüsse zu heilen.

Zutaten für 1 Maske
- 2 TL Honig
- 1 TL Zitronensaft
- 1 TL frisch geriebener Ingwer
- ½ TL Kurkumapulver oder frisch geriebene Kurkuma

Alle Zutaten gründlich mischen und auf das ganze Gesicht auftragen, dabei die Augenregion aussparen. Alternativ nur auf unreine Hautpartien auftragen. 10 Minuten einwirken lassen, dann mit lauwarmem Wasser abspülen.

GESICHTSMASKE MIT KAROTTE

Diese Maske hilft gegen Hautunreinheiten und vorzeitige Hautalterung.

Zutaten für 1 Maske
- 2 kleine Karotten
- 10 ml (1 TL) Mandelöl oder Olivenöl

Die Karotten weich kochen und pürieren. Das Mandel- oder Olivenöl unterrühren. Die Masse auf das Gesicht auftragen und 20–30 Minuten einwirken lassen. Mit lauwarmem Wasser abspülen.

KAROTTEN-HAUTÖL

Karotten sind reich an Vitaminen und Mineralien, die die Haut nähren und schützen.

TIPP
Die Wilde Möhre (Daucus carota) ist der Vorfahr unserer kultivierten Möhre. Aus ihren Samen wird ein köstliches Öl gepresst. Sie können die Samen auch in Öl einweichen (mazerieren).

Zutaten für 150 ml

- 2 Karotten
- 100 ml hochwertiges Öl
- sauberes Glas (150 ml)
- Käseleinen
- saubere Flasche mit Verschluss (150 ml)

Die Karotten waschen und raspeln. Die Raspel in das Glas geben und mit dem Öl übergießen. Das Glas mit Käseleinen abdecken und mit einem Gummiband fixieren. Unter gelegentlichem Umrühren 4 Wochen ziehen lassen. Das Öl durch Käseleinen abseihen und in die Flasche füllen.

GESICHTSMASKE MIT AVOCADO UND ZITRONE

Zitronensaft enthält Vitamin C. Das verhindert das Braunwerden der Avocado, hat aber auch eine adstringierende und leicht austrocknende Wirkung. Darum eignet sich diese Maske gut für fettige Haut. Allerdings gleicht das Öl die austrocknende Wirkung etwas aus. Avocado enthält viele ungesättigte Fettsäuren und versorgt die Haut mit Nährstoffen.

Zutaten für 1 Maske

- ½ Avocado
- 1 EL Zitronensaft
- 1 EL Olivenöl

Die Avocado zerdrücken und Zitronensaft und Olivenöl unterrühren. Gründlich mischen und als Gesichtsmaske verwenden.
20–30 Minuten einwirken lassen und mit lauwarmem Wasser abspülen.

GESICHTSMASKE MIT AVOCADO UND ALOE VERA

Eine wunderbar pflegende Maske für trockene Haut.

Zutaten für 1 Maske

- ½ Avocado
- 2 EL Aloe-vera-Gel
- 1 EL Hafermalz
- 1 EL Honig

Die Avocado in einer Schüssel zerdrücken. Das Aloe-vera-Gel dazugeben und mit den restlichen Zutaten verrühren. Die Maske auf die Haut auftragen und etwa 20 Minuten einwirken lassen. Mit lauwarmem Wasser abspülen.

PFLAUMENMASKE

Pflaumen (Prunus domestica) liefern die Vitamine A, C, E, K und B, Antioxidantien und Eisen, Kalium und Magnesium. Die Früchte schützen die Hautzellen und regulieren die Talgproduktion.

Zutaten für 1 Maske
- 2 Pflaumen
- 1 EL Zitronensaft
- 1 EL Olivenöl

Die Pflaumen entsteinen und das Fruchtfleisch pürieren. Zitronensaft und Olivenöl zugeben und gründlich verrühren. Aufs Gesicht auftragen und 20–30 Minuten einwirken lassen. Mit lauwarmem Wasser abspülen.

HAGEBUTTEN-MASKE

Das Fruchtfleisch der Hagebutte ist reich an Vitamin C und anderen Antioxidantien. 2 Handvoll Hagebutten pürieren, mit etwas Wasser verrühren und durch ein Sieb streichen, um die Kerne zu entfernen. Das pürierte Fruchtfleisch direkt auf die Haut auftragen. 20 Minuten einwirken lassen, dann mit lauwarmem Wasser abspülen.

Auf diese Weise können Sie auch Masken herstellen aus
- **Sanddorn** (*Hippophae rhamnoides*). Enthält viel Vitamin C und andere Antioxidantien.
- **Aprikose** (*Prunus armeniaca*). Der Stein der Aprikose enthält ätherisches Öl. Die frische Frucht ohne den Stein pürieren und als Gesichtsmaske verwenden. Sie reinigt die Haut und macht sie weich.
- **Mandel** (*Prunus dulcis*). Auch mit Mandelmehl und Mandeldrink lassen sich feine Gesichtsmasken herstellen. Einfach Mandelmehl mit etwas Wasser verrühren, aufs Gesicht auftragen und 30 Minuten einwirken lassen. Alternativ etwas Bio-Mandeldrink auf einen Wattebausch geben und das Gesicht damit abtupfen. Über Nacht einwirken lassen.

4 fl oz
3 fl oz
2 fl oz
1 fl oz

PEELINGS

Mit einem natürlichen Peeling werden abgestorbene Hautzellen entfernt. Man kann beispielsweise Hafer oder Gerste in einem Mörser zerstoßen und mit etwas Wasser verrühren. Aber auch mit Kaffeesatz kann man ein gutes Peeling machen!

GESICHTSPEELING MIT HAGEBUTTENÖL, SHEABUTTER UND KAFFEESATZ

Dieses nährende Peeling beseitigt abgestorbene Hautzellen sanft und wirkungsvoll.

Zutaten für 50 ml
- 50 g Sheabutter
- 50 ml Hagebuttenöl
- 2 EL Kaffeesatz
- optional: 10 Tropfen ätherisches Öl nach Wahl
- sauberes Schraubglas (50 ml)

Die Sheabutter in einem Topf schmelzen. Das Hagebuttenöl dazugeben und gründlich verrühren. Dann Kaffeesatz und nach Belieben ätherisches Öl einrühren. Ins Glas füllen, mit dem Deckel verschließen und ein Etikett aufkleben.

Anstelle des Kaffeesatzes können Sie auch Folgendes hinzufügen:
- Hafer, Hirse, Gerste oder ein anderes Getreide, in einem Mörser zerstoßen
- Himalaja-Meersalz
- Rohrzucker

SALIZYLSÄURE AUF DER HAUT

Wie bereits erwähnt, hilft Salizylsäure gegen fettige, unreine oder gereizte Haut. Salizin - ein Stoff, der natürlich in Mädesüß und Weide vorkommt - wird in Salizylsäure umgewandelt. Auf die Haut aufgetragen, löst es den Talg in den Poren. Dadurch wirkt es Pickeln, Mitessern und Schuppenbildung entgegen.

WEIDE

(Salix album)

Weidengewächse - Salicaceae

Die Rinde der Weide enthält das entzündungshemmende Salizin, das bei Akne hilft. Weide kann auch bei Gürtelrose, Nervenschmerzen und nervösen Ausschlägen eingesetzt werden. Aus der Rinde einen Aufguss oder eine Tinktur herstellen und damit die Haut betupfen. Die Tinktur nur verdünnt anwenden.

MÄDESÜSS
(Filipendula ulmaria)

Rosengewächse - Rosaceae

Diese herrlich duftende Blume wächst oft in der Nähe von Wasser. Mädesüß wirkt antiseptisch und beruhigend auf die Haut. Ihr duftender Inhaltsstoff heißt Monotropin.

Wirkung auf die Haut
Adstringierend, pflegend, entzündungshemmend und schmerzlindernd.

Anwendungsbereiche
Akne, Hautunreinheiten, Nervenschmerzen und nervöser Hautausschlag.
Bei Gürtelrose, Akne und Windpocken eine Kompresse mit verdünnter Tinktur auflegen oder mit einem Aufguss oder einer verdünnten Tinktur betupfen.

Inhaltsstoffe
Ätherische Öle, Flavonoide, Gerbstoffe, Schleimstoffe, Mineralstoffe wie Kalzium, Eisen, Kalium, Mangan, Silicium, Phosphor, Schwefel, Vitamin C, organische Säuren, Glykoside (Monotropin und Salizin) und Cumarine.

Verwendete Teile
Die Wurzel im Frühjahr, Blüte und Blatt im Sommer. Für eine Doppeltinktur setzt man im Frühjahr eine Tinktur mit der Wurzel an und gibt im Sommer Blüte und Blatt dazu. Blühende Knospen, Stängel und Blätter können für einen Aufguss verwendet werden. Ein Hydrolat aus den Blüten ist ein adstringierendes und pflegendes Gesichtswasser.

AUGENPFLEGE

Wenn Sie entzündete Augen haben, versuchen Sie, diese mit Kamille oder Kornblume zu reinigen. Verwenden Sie für jedes Auge einen sauberen Wattebausch und streichen Sie sanft vom äußeren zum inneren Augenwinkel.

AUGENTROPFEN MIT KAMILLE

Kamille wirkt beruhigend und entzündungshemmend.

Zutaten
- ca. 5 g (1 Handvoll) Kamillenblüten
- 100 ml abgekochtes Wasser

Die Kamille ins Wasser geben. Abkühlen lassen und vor Gebrauch abseihen.

AUGENTROPFEN MIT KORNBLUME

Diese Augentropfen sind eine Wohltat für gereizte Augen.

Zutaten
- ca. 5 g (1 Handvoll) Kornblumen
- 100 ml abgekochtes Wasser

Die Kornblumen ins Wasser geben. Abkühlen lassen und vor Gebrauch abseihen.

KORNBLUME
(Centaurea cyanus)

Korbblütler – Asteraceae

Die Kornblume wird bei leichten Augenbeschwerden und Entzündungen wie Gerstenkorn, Lidrandentzündung oder Bindehautentzündung eingesetzt. Enthält Schleimstoffe, Gerbstoffe, Bitterstoffe und Metallo-Anthocyane (Cyanine).

MELISSE

(Melissa officinalis)

Lippenblütler - Lamiaceae

Die Pflanze mit dem frisch-zitronigen Duft wirkt antiseptisch und lindernd bei viralen Hautinfektionen (wie Herpes). Sie hält außerdem Mücken fern.

Wirkung auf die Haut

Beruhigend, antiviral. Vertreibt Mücken.

Anwendungsbereiche

Virale Hautinfektionen wie Lippenherpes oder Gürtelrose.

Inhaltsstoffe

Ätherische Öle, Phenolsäuren, Gerbstoffe, Bitterstoffe, Schleimstoffe, Flavonoide, organische Säuren, Vitamin C und E und Beta-Carotin.

Verwendete Teile

Blätter für eine Tinktur. Wenn die Pflanze blüht, kann man auch die Blüten verwenden. Blätter für einen Tee. Trocknen Sie die Blätter schnell und vorsichtig, ohne sie zu viel zu berühren. Frische Blätter für einen Aufguss oder in Salaten und Smoothies.

LIPPENPFLEGE

LIPPENBALSAM MIT MELISSE

Lindernd und heilend bei Lippenbläschen oder Hautinfektionen. Zuerst wird ein Öl hergestellt, das als Grundlage für den Lippenbalsam dient.

Zutaten für 200 ml Melissenöl

- 50 g Melissenblätter, fein zerkleinert
- 25 g Kamillenblüten
- 175 ml Bio-Sonnenblumen- oder Olivenöl
- sauberes Schraubglas (200 ml)
- Käseleinen

Das Glas mit den Pflanzenteilen füllen. Mit Öl aufgießen, bis die Pflanzenteile vollständig bedeckt sind. Das Glas mit Käseleinen abdecken und mit einem Gummiband fixieren. Etwa 4 Wochen lang stehen lassen. Gelegentlich umrühren. Das Öl abseihen.

TIPP

Anstelle von Melisse können Sie auch Kamille für einen beruhigenden Lippenbalsam verwenden.

Zutaten für 125 ml Lippenbalsam

- 20 g Bienenwachs
- 100 ml Melissenöl
- 10 Tropfen ätherisches Lavendelöl
- 5 Tropfen Vitamin-E-Öl
- sauberes Schraubglas (125 ml) oder 5 kleine Salbentiegel mit Deckel (à 20 ml)

Das Bienenwachs im Wasserbad erhitzen. Das Melissenöl dazugeben und verrühren. Ätherisches Öl und Vitamin-E-Öl einrühren. Gründlich mischen und in das Glas oder die Tiegel füllen. Erkalten lassen, erst dann mit dem Deckel verschließen.

LIPPENBALSAM MIT KAMILLE

Macht raue Lippen wunderbar weich.

Zutaten für 75 ml

- 5 g Bienenwachs
- 60 g Sheabutter
- 10 ml Kamillenöl (selbst hergestellt, kein ätherisches Öl)
- sauberes Schraubglas (75 ml)
- Käseleinen

Zuerst das Kamillenöl herstellen

25–50 g Kamillenblüten in ein Glas geben und mit hochwertigem Öl bedecken. Das Glas mit Käseleinen abdecken und mit einem Gummiband fixieren. 4 Wochen stehen lassen. Regelmäßig umrühren, dann abseihen.

Dann den Lippenbalsam herstellen

Das Bienenwachs im Wasserbad schmelzen. Wenn das Wachs vollständig geschmolzen ist, die Sheabutter hinzufügen. Gründlich mischen. Das Kamillenöl hinzugeben. Ins Glas füllen, fest werden lassen und mit dem Deckel verschließen.

LIPPENPEELING NACH JUNA

Meine elfjährige Tochter Juna hat sich dieses einfache Lippenpeeling ausgedacht.

Zutaten für ca. 10 g

- 1 EL Zucker
- 1 TL Honig
- 1 Schuss Olivenöl (alternativ anderes hochwertiges Pflanzenöl)
- sauberer Tiegel mit Deckel (10 ml)

Die Zutaten mischen und ins Glas geben. Für eine Weile in den Gefrierschrank stellen, dann im Kühlschrank aufbewahren.

MUNDPFLEGE

Wenn Ihnen einmal die Zahncreme ausgeht, können Sie Ihre Zähne auch mit Kokosöl, Natron oder Kurkuma putzen. Alle drei haben antibakterielle Eigenschaften.

Natron neutralisiert die Säuren im Mund und hilft, Plaque zu verhindern. Außerdem poliert es Verfärbungen weg. Um den Zahnschmelz nicht abzunutzen, darf es nur alle 2 Wochen benutzt werden.

Selbst gemachte Zahncreme wird oft mit Xylit angereichert, ein natürlicher Süßstoff, der Karies vorbeugt. Xylit ist auch als Birkenzucker bekannt.

ZAHNCREME

Diese Zahncreme enthält alles Notwendige für eine gute Zahnpflege.

Zutaten für ca. 200 g
- 100 g Kalziumkarbonat
- 80 g Natron
- 30 g Xylit
- 15 ml Wasser
- 20 Tropfen ätherisches Pfefferminzöl
- sauberes Schraubglas (200 g)

Die trockenen Zutaten vermischen. Zuerst das Wasser, dann das ätherische Öl zugeben und gründlich verrühren, bis eine weiche Paste entsteht. Ins Glas füllen und verschließen.

MUNDWASSER UND ÖLZIEHEN

Eine Mundspülung erfrischt den Atem. Für den guten Geschmack und zur Abtötung von Bakterien werden ätherische Öle hinzugefügt.

Zutaten für ca. 100 ml

- 5 g (1 TL) Natron
- 5 g Xylit
- 100 ml gefiltertes oder abgekochtes Wasser, auf Zimmertemperatur
- 10 Tropfen ätherisches Öl (Mischung nach Wahl aus Pfefferminz, Zitrone, Kiefer, Teebaum, Eukalyptus, Fenchel, Anis, Lavendel)
- 1 Tropfen ätherisches Nelkenöl
- optional: 1 EL Aloe-vera-Gel
- saubere dunkle Flasche mit Verschluss (100 ml)

Natron und Xylit in das Wasser geben und gründlich verrühren. Ätherische Öle und nach Wunsch Aloe-vera-Gel hinzugeben. Die Mischung in eine dunkle Flasche füllen. Vor Gebrauch schütteln.

Haltbarkeit: etwa 1 Woche.

Ölziehen, spülen und putzen mit Kokosöl

Im Ayurveda wird Kokosöl zur Mundpflege empfohlen. Zum Ölziehen nimmt man einen Teelöffel Kokosöl in den Mund und bewegt es 20 Minuten in alle Richtungen. Nicht schlucken! Nach 20 Minuten ausspucken und mit lauwarmem Wasser ausspülen. Laut ayurvedischer Lehre wird dadurch der Stoffwechsel angeregt, sodass der Körper schneller entgiften kann. Außerdem soll das Öl Bakterien binden, die mit ausgespuckt werden. Verwenden Sie zum Ölziehen ein natürliches Bio-Kokosöl. Es ist auch möglich, die Zähne mit Kokosöl zu putzen. Wer möchte, kann danach mit einem Löffel oder Zungenschaber die Zunge reinigen.

HAFER
(Avena sativa)

Süßgräser - Poaceae

Hafer hilft bei brüchigen Nägeln und Haaren und ist beruhigend für die Haut. Verwöhnen Sie sich einmal mit einem Haferbad!

Wirkung auf die Haut
Beruhigend und entzündungshemmend. Kräftigt Haare und Nägel.

Anwendungsbereiche
Juckreiz, Hautausschläge, trockene und raue Haut, Ekzeme und Kinderkrankheiten mit Hautausschlägen (wie Windpocken), außerdem brüchige Haare und Nägel. Wirkt auch vorbeugend gegen Karies.

Inhaltsstoffe
Stärke, Proteine, Fette, Zucker, Schleimstoffe, Saponine, Alkaloide, Phytosterole, Mineralstoffe wie Kalzium, Mangan, Eisen, Phosphor, Silizium, Kalium, Kupfer, Brom und Zink, Vitamin B (einschließlich Folsäure), E und K.

Verwendete Teile
Die ganze Pflanze für eine Tinktur. Die Verwendung erfolgt kurz nach der Blüte und vor der Fruchtbildung. Die Tinktur ist zur Langzeitanwendung geeignet. Aufguss: Den Hafer mit heißem, abgekochtem Wasser übergießen und 4 Stunden ziehen lassen. Abseihen und die Flüssigkeit auf Haut oder Haar verteilen. Oder den Aufguss trinken, um Haut, Haare, Zähne und Nägel von innen heraus zu stärken.

TIPP
Auch andere Getreidesorten wie Gerste und Reis sind gut für Haut und Haare. Sie wirken adstringierend und beruhigend. Bereiten Sie einen Aufguss zu oder fangen Sie einfach die Kochflüssigkeit auf.

EFEU
(Hedera helix)

Araliengewächse – Araliaceae

Efeu wird äußerlich zur Behandlung von eiternden und schwer heilenden Wunden, Arthritis, Arthrose, Muskelschmerzen, Ischias, Nervenschmerzen, leichten Verbrennungen, Sonnenbrand, Hautausschlägen und Läusen im Haar angewendet. Efeu enthält unter anderem Saponine, die reinigend, antibakteriell und antimykotisch wirken.

EFEUWASSER

Zutaten für 500 ml
- 50 g Efeublätter
- 500 ml kaltes Wasser

Blätter und Wasser in einem Mixer gründlich pürieren. Die Haut damit betupfen oder für eine Kompresse verwenden.

HAARPFLEGE

Selbst gemachte feste oder flüssige Shampoos sind milder als gekaufte Shampoos. Diese sind oft aggressiv und entziehen der Kopfhaut pflegende Fette. Auch Spülungen lassen sich leicht aus Kokosmilch oder Apfelessig herstellen, und Aufgüsse aus Brennnessel oder Acker-Schachtelhalm dienen zur Stärkung der Haare.

FLÜSSIGES SHAMPOO

Dies ist ein Grundrezept für ein mildes Shampoo.

Zutaten für ca. 150 ml
- 60 ml Kokosmilch
- 80 ml castile Seife
- 5 ml Olivenöl
- 20 Tropfen ätherisches Öl
- 5 Tropfen Vitamin-E-Öl
- saubere Flasche mit Verschluss (150 ml)

Die Zutaten erwärmen, damit sie sich besser mischen lassen. Zuerst die Kokosmilch in einen Topf geben und erwärmen, dann die Seife und zum Schluss Olivenöl, ätherisches Öl und Vitamin-E-Öl zugeben. Sorgfältig verrühren und in die Flasche füllen. Vor Gebrauch schütteln.

TIPPS
Um blondes Haar etwas aufzuhellen, können Sie dem Shampoo einen Kamillenaufguss hinzufügen. Gegen Kopfläuse hilft ein Shampoo oder eine Haarspülung mit Teebaumöl, die Sie eine Weile einwirken lassen.

FESTES SHAMPOO

In einer gekauften Flasche Shampoo stecken etwa 80 % Wasser. Darum ist festes Shampoo besser für die Umwelt und für den Geldbeutel. Man kann es auch selbst herstellen.

Zutaten für 1 Stück

- 50 g Natriumcocosulfat (auch SCS von englisch »sodium coco sulfate«, Bestelladresse im Anhang)
- 10 ml abgekochtes Wasser
- 8 g Kokosnussöl
- 4 g Sheabutter
- Silikonform für Seifenstücke

Nach Belieben

- 10 Tropfen Lavendelöl
- 10 Tropfen Teebaumöl
- 10 Tropfen Arganöl

Natriumcocosulfat und abgekochtes Wasser im Wasserbad erwärmen. Das Natriumcocosulfat schmilzt nicht, es entsteht eine klebrige Masse. Kokosöl und Sheabutter hinzufügen und gründlich umrühren. Wenn alles vermischt ist, den Topf vom Herd nehmen. Nach Belieben ätherisches Öl oder andere Zutaten hinzufügen. Die Masse mit einem Löffel in die Silikonform füllen. Kurz in den Gefrierschrank stellen, damit sie schneller fest wird. Aus der Form nehmen und noch zwei Tage aushärten lassen.

TROCKENSHAMPOO

Manchmal hat man einfach keine Zeit, die Haare zu waschen. Dann ist Trockenshampoo die Rettung.

Zutaten für 120 g

- 50 g (3 EL) Natron
- 30 g (4 EL) Pfeilwurzelpulver
- 30 g (3 EL) weiße Tonerde
- 10 Tropfen ätherisches Öl nach Wahl
- saubere Streudose, 120 g

Alle Zutaten gründlich miteinander vermischen und in die Streudose geben.

CONDITIONER

Es gibt eine Vielzahl von Produkten, mit denen sich der Zustand der Haare verbessern lässt, zum Beispiel die folgenden Spülungen.

APFELESSIG MIT KRÄUTERN

Apfelessig pflegt die Haare. Wenn man Pflanzen wie Kamille, Rosmarin, Thymian, Brennnessel, Acker-Schachtelhalm oder Gundermann hinzufügt, erhält man eine tolle Haarspülung.

Zutaten für 150 ml

- sauberes Gefäß mit Deckel (150 ml)
- 50–100 g Pflanzenteile
- 150 ml Apfelessig

Das Glas mit den Pflanzenteilen füllen. Mit dem Apfelessig übergießen, bis die Pflanzenteile bedeckt sind. 2 Wochen (oder länger) ziehen lassen. Abseihen – und der Conditioner ist fertig.

BRENNNESSEL
(Urtica dioica en Urtica urens)

Brennnesselgewächse – Urticaceae

Die Brennnessel hat einen schlechten Ruf, weil sie bei Berührung Hautreizungen verursacht. Andererseits ist sie als Heilpflanze für die Haut bekannt. Innerlich angewendet hilft die Pflanze gegen Akne, Ekzeme und Schuppenflechte. Äußerlich werden Brennnesselspülungen angewandt, um verschmutzte Wunden zu reinigen und Haut und Haare zu pflegen.

Wirkung auf Haut und Haar
Reinigend, entgiftend und entsäuernd. Kräftigt Haare und Kopfhaut.

Anwendungsbereiche
Äußerlich bei verschmutzten Wunden, Hautausschlägen, Akne, Furunkeln und Geschwüren. Als Haar- und Kopfhauttonikum. Innerlich bei Akne, brüchigen Nägeln und geschwächten Knorpeln.

Inhaltsstoffe
Gerbstoffe, Vitamin A, B, C, D, E und K, Mineralstoffe wie Kalium, Kalzium, Silizium, Eisen, Natrium, Magnesium, Schwefel, Chlor, Phosphor, Mangan, organische Säuren (wie Ameisensäure), Chlorophyll, Bitterstoffe, Saponine, Xanthophyll und Histamin.

Verwendete Teile
Junge Triebspitzen.

ACKER-SCHACHTELHALM
(Equisetum arvense)

Schachtelhalmgewächse - Equisetaceae

Acker-Schachtelhalm ist eine mineralstoffreiche Pflanze. Er enthält besonders viel Silizium, ein Spurenelement, das Haare, Nägel und Knochen stärkt. Ernten Sie Acker-Schachtelhalm immer an einem sauberen Ort, da die Pflanze Giftstoffe aus dem Boden aufnimmt.

Wirkung auf Haut und Haare
Kräftigend für Nägel und Haare, heilend für die Haut.

Anwendungsbereiche
Brüchige Nägel und Haare, langsam heilende Wunden, Hämorrhoiden und Prellungen.

Inhaltsstoffe
Mineralstoffe wie Silizium, Kalzium, Kalium, Mangan, Magnesium, Natrium und Eisen, Flavonoide, Saponine, Gerbstoffe, Vitamin B1, B2, B3 und C, Bitterstoffe, organische Säuren, ätherische Öle, Spuren von Alkaloiden.

Verwendete Teile
Frische, grüne, reife Triebe (je härter sie sich anfühlen, desto mehr Silizium enthalten sie).

BRENNNESSEL-SPÜLUNG FÜR HAUT UND HAARE

Diese Spülung stärkt Kopfhaut und Haare und eignet sich besonders gut für fettige Kopfhaut. Sie können auch Rosmarin hinzufügen, um die Durchblutung der Kopfhaut anzuregen, oder große Klette, um die Haarwurzeln zu stärken und Haarausfall vorzubeugen.

Zutaten für 500 ml

- ca. 100 g (1 Handvoll) Brennnesselspitzen
- 500 ml kochendes Wasser

Die Brennnesseln in kleine Stücke zupfen und mit dem heißen Wasser übergießen. 10 Minuten ziehen lassen. Weiter abkühlen lassen und auf dem Haar und der Kopfhaut verteilen. Trinken Sie auch eine Tasse des Brennnesseltees, um das Haar von innen zu stärken.

ACKER-SCHACHTELHALM-AUFGUSS

Acker-Schachtelhalm enthält viel Silizium, aber man muss die Pflanze eine Weile kochen, um das Mineral freizusetzen. Der Absud stärkt Haare, Nägel und Knochen.

Zutaten für 500 ml

- ca. 100 g (1 Handvoll) Acker-Schachtelhalm
- 500 ml Wasser

Den Acker-Schachtelhalm mit dem Wasser in einen Topf geben und 20 Minuten kochen. Erkalten lassen. Abseihen und im Haar verteilen. Vor dem Ausspülen eine Weile einwirken lassen.

HAARKUREN

Eine Haarkur oder Haarmaske muss immer eine Weile einwirken, damit die Inhaltsstoffe gut aufgenommen werden können.

WARME ÖLKUR MIT KAMILLE

Bei dieser Ölkur für trockene Haare muss die Kamille eine Weile im Öl ziehen.

Zutaten für 1 Anwendung
- 50 ml Olivenöl
- 10 g Kamillenblüten
- 5 Tropfen Neemöl

Olivenöl und Kamillenblüten auf dem Herd erhitzen und mindestens 20 Minuten ziehen lassen (je länger, desto besser). Das Neemöl dazugeben. Abseihen und auf die Haare auftragen, solange das Öl noch warm ist. Die Haare am besten in Alufolie einwickeln, damit die Maske gut einziehen kann. Nach einer halben Stunde mit Shampoo auswaschen.

REISWASSER

Das Kochwasser, das Sie vom Reis abgießen, kann zur Haarpflege verwendet werden. Einfach im Haar verteilen, 30 Minuten einwirken lassen, dann auswaschen. Reiswasser funktioniert auch sehr gut als Spray für Locken. Haferflockenwasser hat eine ähnliche Wirkung.

KOKOSMILCH

Nicht nur Kokosnussöl, auch Kokosnussmilch eignet sich gut für die Pflege von Haar und Kopfhaut. Erhitzen Sie Kokosmilch aus der Dose auf Körpertemperatur und verteilen Sie sie in den Haaren. 30 Minuten einwirken lassen, dann mit Shampoo auswaschen.

ROSMARIN-KOKOSÖL

Rosmarin fördert die Durchblutung der Kopfhaut. Kokosöl enthält nützliche Nährstoffe für Haare und Kopfhaut.

Zutaten für 100 ml

- 100 g Kokosöl
- 5 Zweige frischer Rosmarin mit Nadeln und evtl. Blüten
- sauberes 100-ml-Glas

Das Kokosöl mit den Rosmarinzweigen in einem Topf erhitzen, dann bei schwacher Hitze 30 Minuten ziehen lassen. Den Herd ausschalten, die Mischung weitere 24 Stunden ziehen und abkühlen lassen. Erneut in einem Wasserbad erhitzen und abseihen. Das Öl ins Glas gießen und abkühlen lassen. Je nach Raumtemperatur wird es dabei mehr oder weniger fest. Als Haarkur auftragen, 30 Minuten einwirken lassen und mit Shampoo auswaschen.

ROSMARIN-HAARWASSER

Wer keine ölige Haarpflege verwenden mag, aber trotzdem die Vorteile von Rosmarin nutzen möchte, kann auch einen starken Absud aus Rosmarin zubereiten. Dazu die Rosmarinzweige mit ½ Liter Wasser in einem Topf zum Kochen bringen, dann auf schwache Hitze herunterschalten und die Mischung 20 Minuten ziehen lassen. Auf der Kopfhaut verteilen und 30 Minuten einwirken lassen, dann die Haare ausspülen.

SPEZIELLE HAARPFLEGE

ROSMARINWACHS

Ein hervorragendes Pflegeprodukt für trockene Haarspitzen.

Zutaten für 120 g

- 100 ml öliger Auszug aus Rosmarin (siehe Seite 12–14)
- 20 g Bienenwachs
- 6 kleine Tiegel (à 20 ml)

Das Bienenwachs im Wasserbad erhitzen, bis es geschmolzen ist. Das Rosmarinöl hinzufügen und gründlich vermischen. In die Tiegel füllen und fest werden lassen.
Das Wachs vor dem Gebrauch zwischen den Händen verreiben.

LEINSAMEN-GEL

Um Ihre Locken schön in Form zu bringen, können Sie ein Gel aus Leinsamen verwenden.

Zutaten für 100 ml

- 20 g (2 EL) Leinsamen
- 100 ml Wasser
- feines Sieb
- Glas mit Deckel (100 ml)

Die Leinsamen über Nacht in dem Wasser einweichen. Am nächsten Tag die Mischung durch ein Sieb gießen. Das Gel kann sofort verwendet werden. Reste in einem geschlossenen Gefäß aufbewahren.

HAARSERUM

Dieses Serum schützt die Haarspitzen vor dem Austrocknen.

Zutaten für 50 ml

- 15 ml Arganöl
- 15 ml Sesamöl
- 10 Tropfen Vitamin-E-Öl
- 10 Tropfen Kamillenöl oder ein anderes Mazerat nach Wahl
- saubere Flasche mit Verschluss (30 ml)

Die Öle gründlich mischen und in die Flasche füllen. Als Serum in die Haarspitzen einmassieren.

HAAR-PFLEGESPRAY

Ein pflegendes Spray für trockenes und strapaziertes Haar.

Zutaten für 100 ml

- 30 ml Aloe-vera-Gel
- 40 ml Rosenwasser oder anderes Hydrolat
- 5 ml (1 TL) Bio-Honig
- 5 ml Glyzerin
- saubere Sprühflasche (50 ml)

Das Aloe-vera-Gel zusammen mit dem Rosenwasser in einen Topf geben und sanft erwärmen. Den Honig hinzufügen und schmelzen lassen. Das Glyzerin hinzufügen und gründlich verrühren. Die Mischung abkühlen lassen und in die Flasche füllen.

GROSSE KLETTE
(Arctium lappa)

Korbblütler - Asteraceae

Die Klette hilft bei Hautproblemen wie Ekzemen und Pilzerkrankungen und bekämpft Haarausfall.

Wirkung auf Haut und Haar
Antibakteriell (z.B. gegen Staphylokokken und Streptokokken) und antimykotisch.

Anwendungsbereiche
Haarausfall, Schuppen und fettige Kopfhaut. Auf der Haut: Geschwüre, Abszesse, Furunkeln, Pilzinfektionen, Erysipel, Akne, Ekzeme und andere schuppige Hauterkrankungen.

Inhaltsstoffe
Kohlenhydrate, Phenolsäuren, Bitterstoffe, Phytosterole, fettes Öl, organische Säuren, Flavonglykoside, Mineralstoffe wie Kalium, Kalzium, Magnesium und Eisen, und Vitamin B1, B2, B3, B6, B12, C und E.

Verwendete Teile
Die getrocknete Wurzel der zweijährigen Pflanze (geerntet im Sommer oder Herbst) für Tinkturen, Abkochungen oder Extrakte. Aus den Blättern werden gelegentlich ölige Auszüge zur Behandlung von Beingeschwüren hergestellt. Man kann sie auch zerstoßen und für Wundkompressen verwenden.

KÖRPERPFLEGE

Pflegen Sie Ihre Haut mit Schwarzkümmelöl, oder verwöhnen Sie sich mit einem Blütenbad. Zur Fußpflege eignet sich Salbei-Puder und für die Hände ein Bad mit Kamille.

SCHWARZKÜMMELÖL

In Marokko und den umliegenden Ländern wird aus Schwarzkümmelsamen hauptsächlich Öl für die Pflege von Körper und Gesicht gewonnen. Das Öl beugt vorzeitiger Hautalterung vor und stärkt die Haut. Bei Hautunreinheiten hat es eine reinigende Wirkung. Schwarzkümmelsamen gibt es unter anderem in marokkanischen Geschäften zu kaufen. Alternativ können auch Kreuzkümmelsamen verwendet werden.

Zutaten für 100 ml

- 20 g Schwarzkümmelsamen
- Mörser
- 100 ml Mandel- oder Arganöl (alternativ anderes Öl nach Wahl)
- Käseleinen
- sauberes Schraubglas (100 ml)

Die Samen im Mörser leicht zerstoßen und in das Glas geben. Mit dem Öl bis knapp unter den Rand aufgießen. Das Glas mit Käseleinen abdecken und mit einem Gummiband fixieren. 4 Wochen stehen lassen. Gelegentlich umrühren. Dann das Öl abseihen und in einem sauberen Schraubglas aufbewahren.

JUNGFER-IM-GRÜNEN UND SCHWARZKÜMMELSAMEN

(Nigella damascena und Nigella sativa)

Hahnenfußgewächse – Ranunculaceae

Schwarzkümmelsamen und deren Öl sind seit langer Zeit ein traditionelles Heilmittel. Sie stärken das Immunsystem und helfen bei Allergien, Asthma und Bronchitis. Schon die Frauen im alten Ägypten aßen die Samen, um ihre Brüste zu straffen. Das aus ihnen gepresste Öl kann zur Hautpflege verwendet werden.

Wirkung auf die Haut

Straffend, feuchtigkeitsspendend und entschlackend.

Anwendungsbereiche

Ekzeme, Psoriasis und Akne. Beugt vorzeitiger Hautalterung vor.

Inhaltsstoffe

Fettsäuren, Bioflavonoide, Phytonährstoffe, Aminosäuren, Proteine, Kohlenhydrate, Omega-3-, -6- und -9-Fettsäuren.

Verwendete Teile

Die Samen für ein kaltgepresstes Öl oder einen öligen Auszug.

CREME FÜR DEKOLLETÉ UND BRUST

Zur Pflege von Dekolleté und Brust empfiehlt sich diese feine Creme mit Schwarzkümmel, Frauenmantel und Kamille. Sie können aber auch mit der Zusammensetzung spielen und andere Pflanzen wie Majoran oder Schafgarbe verwenden.

Einen öligen Auszug aus Schwarzkümmel zubereiten, wie auf Seite 143 beschrieben. Außerdem Johanniskrautöl (siehe Seite 71), einen Kamillen- und Frauenmantel-Aufguss (siehe Seite 11) aus 50–100 g Blüten und 150 ml abgekochtem Wasser sowie eine Frauenmanteltinktur (siehe Seite 10–11) aus 50–100 g Blüten und 175 ml Alkohol herstellen.

Zutaten für 250 ml
- 10 g Bienenwachs
- 20 ml Schwarzkümmelöl
- 20 ml Johanniskrautöl (gibt eine schöne rosa Farbe)
- 20 g Emulgator
- 100 ml Kamillen- und Frauenmantelaufguss
- 50 ml Frauenmanteltinktur
- 50 ml Aloe-vera-Gel
- sauberes Schraubglas (250 ml)

Nach Belieben
- 20 Tropfen ätherisches Öl (oder eine Mischung)
- 5 Tropfen Vitamin-E-Öl
- 1 EL Zaubernusshydrolat (Hamameliswasser)

Das Bienenwachs im Wasserbad schmelzen. Dann Öle und Emulgator hinzufügen. In einem anderen Topf Kamille- und Frauenmantelaufguss, Frauenmanteltinktur und Aloe-vera-Gel erhitzen. Achten Sie darauf, dass beide Mischungen etwa die gleiche Temperatur haben. Die wässrige Mischung unter ständigem Rühren zur öligen geben und rühren, bis eine homogene Creme entsteht. Nach Belieben ätherisches Öl, Vitamin-E-Öl und Zaubernusshydrolat zugeben und nochmals gründlich verrühren. In das Glas gießen, abkühlen lassen und erst danach mit dem Deckel verschließen. Ein Etikett auf das Glas kleben.

RUPRECHTSKRAUT

(Geranium robertianum)

Storchschnabelgewächse – Geraniaceae

Der blutrote Stängel des Ruprechtskrauts erinnert an ein Blutgefäß, und tatsächlich liegt hier auch das Anwendungsgebiet der Pflanze: Äußerlich angewandt wirkt sie lindernd bei Prellungen und Blutergüssen. Nicht in der Schwangerschaft und Stillzeit verwenden.

Wirkung auf die Haut

Lindert Prellungen, Quetschungen und kleine Schnittwunden.

Inhaltsstoffe

Gerbstoffe, Bitterstoffe, organische Säuren, ätherische Öle, Harz, Schleim, Pektin, Vitamin C.

Verwendete Teile

Die ganze Pflanze einschließlich Wurzel für Kompressen.

SPÜLUNG UND KOMPRESSE MIT RUPRECHTSKRAUT

Zutaten für 500 ml

- 50 g Ruprechtskraut
- 500 ml Wasser
- saubere Flasche oder Karaffe (750 ml)

Das Ruprechtskraut in die Flasche geben und einen Spritzer kaltes Wasser hinzufügen. Das Wasser zum Kochen bringen, kurz stehen lassen und über das Ruprechtskraut gießen. Abseihen und auf Körpertemperatur abkühlen lassen. Zum Ausspülen von Wunden oder für eine Kompresse verwenden.

RINGELBLUMENSEIFE NACH MARLIES VAN HEUSDEN

Marlies van Heusden von Nature Bar hat eine Werkstatt in Amsterdam, in der sie Seife aus Zutaten wie Calendula, Lavendel, Minze und Sheabutter herstellt. Aber sie arbeitet auch mit Abfallprodukten, etwa dem Kaffeesatz aus dem Café um die Ecke. Der Inhaltsstoff Koffein ist gut für die Haut und der Kaffeesatz ergibt ein schönes Peeling! Sie verarbeitet Orangenschalen aus der Saftpresse des örtlichen Supermarktes (herrlicher Duft) und Rosenblätter von ausrangierten Rosen aus dem örtlichen Blumenladen (Rose ist adstringierend, pflegend und riecht gut).

Auf die Idee, Seife zu machen, kam Marlies in Mexiko, aber ihr Interesse an Ringelblumen wurde schon als Kind geweckt. Ihre Mutter benutzte Ringelblumensalbe für alles – von kleinen Verletzungen über Schmerzen bis zu Juckreiz. In Mexiko litt Marlies unter Mückenstichen, die sie aufkratzte. Sie suchte dort vergeblich nach Ringelblumensalbe, entdeckte aber eine selbstgemachte Ringelblumenseife. Sie fand es interessant, dass man mit Ringelblumen auch Seife herstellen konnte und dachte, dass das auch mit anderen Zutaten möglich sein müsste. Übrigens wirkt Ringelblumenseife auch bei Mückenstichen lindernd, aufbauend und heilend.
Hier erklärt Marlies, wie man Seife herstellt.

Marlies: »In meinem kleinen Unternehmen Nature Bar stelle ich Seifen und feste Shampoos in Handarbeit im Kaltverfahren her. Es ist die reinste Methode der Seifenherstellung, die es gibt. Allerdings dauert es recht lange, bis die Seifen voll ausgereift sind: etwa 4–6 Wochen. Die Geduld lohnt sich, denn durch die niedrigen Temperaturen werden die Vitamine und Mineralien geschont und die guten Eigenschaften der Inhaltsstoffe bleiben erhalten.

Heutzutage werden fast alle Seifen maschinell und im Heißverfahren hergestellt. Diese Methode ist wesentlich schneller und billiger als das handwerkliche Kaltverfahren. Leider gehen durch die hohe Temperatur viele Mineralien und Vitamine verloren. Außerdem werden oft die billigsten Zutaten gewählt – mit

wenig Rücksicht auf die Umwelt. Der Unterschied zwischen Industrieseife und handgemachter Kaltseife lässt sich etwa mit dem zwischen Fabrikbrot und Sauerteigbrot vom Handwerksbäcker vergleichen.

Für das Kaltverfahren braucht man nur drei Grundzutaten: Fett, Wasser und Natriumhydroxid. Natürlich kann man auch Duft- und Farbstoffe zugeben. Ich produziere reine Naturseife und füge nur natürliche Zutaten wie ätherische Öle und Tonerden hinzu.

Durch die chemische Reaktion zwischen der Fettsubstanz und Wasser mit Natriumhydroxid (zusammen Lauge) beginnt der Verseifungsprozess. Von der Lauge bleibt nach dem Verseifungsprozess und nach der Reifung nichts mehr übrig.

Seifenherstellung ist wie Magie, denn das Ergebnis ist jedes Mal etwas anders. Es kommt auf das Zusammenspiel der Zutaten und Temperaturen und die Rührdauer an. In jedem Fall entsteht so eine luxuriöse Seife, die sanft reinigt und die Haut zusätzlich pflegt.

Das Einzigartige an meinen Seifen und festen Shampoos ist, dass immer ein Recycling-Inhaltsstoff enthalten ist, etwa Kaffeesatz oder Orangenschalen. Besonders beliebt ist meine Orangen-Ringelblumen-Seife, darum stelle ich neben dem Grundrezept auch diese vor. So können Sie eine Ringelblumenseife herstellen und zu einer schöneren und saubereren Welt beitragen.

Hier präsentiere ich das Rezept für die allererste Seife, die ich hergestellt habe – und durch das ich mich in die Seifenherstellung verliebt habe.«

Utensilien

- Handschuhe
- Schutzbrille
- Mundschutz
- 2 Glasmessbecher für die Laugenmischung
- Waage
- Löffel
- Thermometer
- 1 weiterer Messbecher
- Kochtopf
- feine Reibe
- Seifenform, z.B. leerer Milchkarton, Silikon-Backform
- Geschirrtuch oder Handtuch
- Sieb
- Schneebesen oder Stabmixer
- Spatel

Zutaten

Ätznatronlauge

- 149 g Wasser (in einer Schüssel abwiegen)
- 65 g Natriumhydroxid (Laugenkristalle)

Basisöle

- 150 g Olivenöl
- 150 g Kokosöl
- 150 g Ölmazerat von Ringelblumen in Sonnenblumenöl

Extras

- 15 g Orangenöl
- 1 TL geriebene Orangenschale
- 5 g Ringelblumenblätter (getrocknet)

Schritt 1

Lauge ansetzen

Beim Hantieren mit der Ätznatronlauge unbedingt Handschuhe, Schutzbrille und Mundschutz verwenden.
Das Wasser in einen Glasmessbecher füllen. Das Natriumhydroxid in den anderen Glasmessbecher geben.
Jetzt in einem gut belüfteten Raum – etwa unter der Dunstabzugshaube oder im Freien – die Laugenkristalle zum Wasser geben, **keinesfalls umgekehrt!** Mit einem Löffel umrühren, bis die Kristalle vollständig aufgelöst sind.
Beim Auflösen der Kristalle wird viel Wärme freigesetzt. Die Flüssigkeit an einem sicheren Platz auf 40–50 °C abkühlen lassen. Sie wird dabei durchsichtig.

Schritt 2

Basisöle

Die Öle abwiegen und in einen Topf geben. Bei niedriger Temperatur erhitzen, damit das Kokosöl schmilzt und sich mit den anderen Ölen verbindet. Dabei die Temperatur im Auge behalten: Sie soll nicht über 45 °C ansteigen, sonst gehen die wertvollen Inhaltsstoffe verloren.

Schritt 3
Zusätze

Orangenöl, Orangenschale und Ringelblumen abwiegen und in einen Messbecher geben. Ich verwende die Schalen von gepressten Orangen aus der Saftbar im örtlichen Supermarkt. Sie können aber natürlich auch die Schale einer frischen Orange zum Reiben verwenden.

Schritt 4
Letzte Vorbereitungen

Die Seifenform auf das Geschirrtuch stellen. Die Temperaturen kontrollieren. Wenn Öle und Laugenmischung eine Temperatur von 45 °C haben, kann der spannende Teil beginnen.

Schritt 5
Seife sieden

Jetzt kommt die eigentliche Seifenherstellung. Die Laugenmischung vorsichtig durch ein Sieb in die Ölmischung gießen. Der Verseifungsprozess beginnt und Sie sehen, wie sich die gelblich-transparente Ölmischung in eine trübere und hellere Mischung verwandelt. Vorsichtig mit einem Schneebesen rühren, bis die Mischung so dick wie Pudding ist – das kann eine Weile dauern. Ein Stabmixer beschleunigt den Verseifungsprozess enorm, aber Anfängern würde ich zum Schneebesen raten. Die richtige Konsistenz ist erreicht, wenn der Schneebesen in der Masse eine Spur hinterlässt. Alternativ mit dem Schneebesen ein paar Seifentropfen auf die Seifenmischung fallen lassen. Sie sollten einen Moment auf der Oberfläche liegen bleiben. Jetzt Orangenöl, Orangenschalen und Ringelblumenblätter hinzufügen und weiter mit dem Schneebesen rühren, bis sie vollständig in die Seifenmasse eingearbeitet sind.
Die Seife in die Form gießen, Reste der Masse mit einem Spatel aus dem Rührbecher schaben. Die Form vorsichtig auf der Arbeitsfläche aufstoßen, damit Luftblasen entweichen. Dann die Form mit einem Geschirrtuch abdecken. Der Verseifungsprozess setzt sich nun fort.
Wichtig ist, auch beim Reinigen der Utensilien Handschuhe zu tragen und Hautkontakt mit der »unreifen« Seife zu vermeiden. Sie ist noch aggressiv, weil der Verseifungsprozess nicht abgeschlossen ist.

Die Seife nach 1–2 Tagen aus der Form nehmen und in handliche Stücke schneiden. 4–6 Wochen an einem trockenen Platz reifen lassen. Erst dann ist die Seife gebrauchsfertig.

›Let's raise the bar together!‹

DEODORANT

Die Herstellung von Deodorants ist nicht schwierig. Gekaufte Deos enthalten oft Duftstoffe, die Hautreizungen verursachen können, oder Aluminium, was nicht uneingeschränkt empfohlen werden kann. Nehmen Sie sich Zeit, um herauszufinden, welches Rezept für Sie am besten geeignet ist.

DEO-CREME MIT NATRON

Natron ist ein Inhaltsstoff, der häufig in Deodorants enthalten ist.

Zutaten für ca. 100 g

- 40 g Kokosöl
- 40 g Maisstärke
- 8 g Natron
- 20 Tropfen ätherisches Öl, z.B. Lavendel, Salbei oder Tanne
- sauberes Schraubglas (100 ml)

Kokosöl und Stärke verrühren, dann das Natron hinzufügen. Gründlich mischen. Zuletzt das ätherische Öl unterrühren. In einem verschlossenen Glas aufbewahren.

DEO-CREME MIT PFEILWURZ

Wenn Ihre Haut empfindlich auf Natron reagiert, können Sie es durch Pfeilwurzelmehl ersetzen. Oder probieren Sie dieses Rezept.

Zutaten für ca. 100 g

- 50 g Bienenwachs
- 30 ml öliger Auszug, Pflanze nach Wahl
- 25 g Sheabutter
- 20 Tropfen ätherisches Öl nach Wahl
- 20 g (4 EL) Pfeilwurzelmehl
- sauberes Schraubglas oder Aluminiumgefäß mit Deckel (100 ml)

Das Bienenwachs im Wasserbad schmelzen. Den öligen Auszug einrühren. Die Sheabutter dazugeben und ebenfalls schmelzen lassen. Vom Herd nehmen und das ätherische Öl hinzufügen. Dann das Pfeilwurzelmehl einrühren. Alles in das Gefäß geben und mit dem Deckel verschließen.

SALBEI, ECHTER

(Salvia officinalis)

Lippenblütler - Lamiaceae

Der Name Salbei leitet sich von dem lateinischen Wort salvare (heilen, retten, erlösen oder heiligen) ab. Das Kraut galt früher als heilig und wurde zur Behandlung verschiedener Beschwerden eingesetzt. Salbei enthält viele Antioxidantien.

Wirkung auf die Haut

Antiseptisch.

Anwendungsbereiche

Bei übermäßigem Schwitzen, feuchten Händen, Schweißfüßen und Nachtschweiß.

Inhaltsstoffe

Ätherisches Öl (u.a. Thujon, Cineol, Borneol und Kampfer), Gerbstoffe, Bitterstoffe, Saponine, organische Säuren, Mineralstoffe wie Natrium, Kalium, Kalzium, Eisen und Silicium, B-Vitamine, Gummi und Harz.

Verwendete Teile

Die frischen Blätter, vor der Blüte.

DEO-CREME MIT TONERDE

Legen Sie alle Zutaten im Voraus bereit, um zügig arbeiten zu können. Die Masse wird beim Abkühlen schnell fest, was das Mischen der Zutaten erschwert. Falls die Masse fest wird, bevor sie richtig gemischt ist, schmelzen Sie sie noch einmal.

Zutaten für ca. 100 g

- 10 g Kakaobutter
- 40 g Sheabutter
- 15 g Bienenwachs
- 30 g weiße Tonerde (Pulver)
- 7 Tropfen ätherisches Lavendelöl
- 7 Tropfen ätherisches Teebaumöl
- sauberes Schraubglas mit Deckel (100 ml)

Die Kakaobutter langsam bei niedriger Temperatur schmelzen. Sheabutter und Bienenwachs zugeben und ebenfalls schmelzen. Vom Herd nehmen. Die Tonerde zugeben und unterrühren. Zuletzt die ätherischen Öle zugeben und nochmals gründlich umrühren. In das Gefäß geben und mit dem Deckel verschließen.

DEO-PUDER

Wer ein trockenes Deo bevorzugt, kann dieses Rezept ausprobieren.

Zutaten für ca. 100 g

- 5 Zweige getrockneter Salbei
- Mörser
- 40 g Maisstärke
- 40 g weiße oder grüne Tonerde (Pulver)
- 5 g Natron
- 20 Tropfen ätherisches Öl (Kiefer, Teebaum oder Eukalyptus)
- Streudose

Den Salbei im Mörser zu Pulver zerstoßen. Stärke, Tonerde und Natron in eine Schüssel geben. Salbeipulver und ätherisches Öl zufügen und alles sorgfältig mischen. In die Streudose füllen.

BADEN, DUSCHEN UND PEELEN

Blütenbad

Ein Blütenbad duftet herrlich, wirkt aber auch auf energetischer Ebene. Je nachdem, welche Blüten Sie wählen, kann ein solches Bad anregend oder beruhigend, belebend oder nährend sein. Wenn ich die Wirkung aller Blüten aufzählen wollte, könnte ich ein ganzes Buch füllen, darum beschränke ich mich hier auf einige Empfehlungen:

- Rosenblüten haben eine adstringierende Wirkung auf die Haut und fördern die Selbstliebe.
- Lavendelblüten helfen, vor dem Schlafengehen zu entspannen, und wirken antibakteriell auf Blase und Harnwege. Sie wirken beruhigend und steigern die Selbstakzeptanz und das Selbstvertrauen. Lavendel wirkt auch bei Altersangst.
- Kamillenblüten haben eine beruhigende und besänftigende Wirkung. Sie steigern die Selbstakzeptanz und das Selbstvertrauen.
- Arnikablüten haben eine wärmende und beruhigende Wirkung auf die Muskeln. Sie stärken das Selbstvertrauen.

TIPP

Sie können die Blüten verwenden oder Ihrem gewohnten Badezusatz einige Tropfen ätherisches Öl oder Ölmazerat hinzufügen.

ZUCKERPEELING

Meine elfjährige Tochter Juna verwendet Zucker für ein einfaches Körperpeeling. Man könnte meinen, dass Zucker nicht so gut für die Haut ist, aber tatsächlich besitzen Zucker und Honig eine heilende Wirkung. In manchen Krankenhäusern wird Zucker oder Honig bei Wundliegen verwendet – mit sehr guten Ergebnissen.

Zutaten für 125 ml

- 60 g (2 EL) Bio-Rohrzucker
- 30 ml Olivenöl (alternativ Ölmazerat)
- 30 ml flüssiger Bio-Honig
- 5 Tropfen ätherisches Öl nach Wahl
- sauberes Schraubglas (75 ml)

Die Zutaten gründlich mischen und in das Glas füllen.

BADEKUGELN MIT LAVENDEL

Die Zubereitung von Badekugeln ist recht einfach. Formen kann man online bestellen (Bestelladresse im Anhang).

Zutaten für 1 Badekugel (150 g)

- 1 ½ g getrockneter Lavendel
- Mörser
- 90 g Natron
- 45 g Zitronensäure
- 12 g Maispulver
- 10 Tropfen ätherisches Lavendelöl
- einige Tropfen Wasser oder Hydrolat nach Wahl
- Form

Den Lavendel im Mörser zu Pulver zerstoßen. Mit allen trockenen Zutaten in einem Behälter oder einer Schüssel mischen. Das ätherische Öl unterrühren. Ein paar Tropfen Wasser oder Hydrolat dazugeben und erneut mischen. Wenn sich das Ganze wie nasser Sand anfühlt, beide Hälften der Form mit der Mischung befüllen. Eine Form mit einem flachen »Berg« füllen, damit sich die Hälften gut verbinden. Die Form mit einer drehenden Bewegung schließen. Kurz warten, dann die Badekugel aus der Form nehmen und 2 Stunden trocknen lassen.

AYURVEDISCHES DUSCHGEL

Für ein mildes Duschgel braucht man nur wenige Zutaten. Dieses Rezept ist inspiriert vom Ayurveda, der traditionellen indischen Heilkunde, die auf drei verschiedenen Konstitutionen basiert: Vata, Pitta und Kapha. Es ist sehr interessant herauszufinden, welchem Typ man angehört. Der Einfachheit halber nehmen wir für dieses Rezept Folgendes an: für trockene Haut (Vata) verwenden wir Sesamöl, für empfindliche Haut (Pitta) Kokosöl und für fettige Haut (Kapha) Sonnenblumenöl. Sie können das Rezept durch Mischen oder Hinzufügen von Ölen nach Belieben anpassen.

Zutaten für 150 ml

- 60 ml castile Seife
- 60 ml Kokos-, Sesam- oder Sonnenblumenöl
- 30 ml flüssiger Bio-Honig
- saubere Quetschflasche (150 ml)

Alle Zutaten in einer Schüssel gründlich verrühren, dann in die Flasche füllen. Vor Gebrauch schütteln.

BADESALZ MIT MAJORAN

Badesalz lässt sich ganz einfach mit Kräutern veredeln, die in einem Mörser fein zerstoßen werden. Majoran eignet sich hervorragend als Badezusatz, da es das Nervensystem beruhigt. Sie können auch Lavendel oder Salbei verwenden.

Zutaten für 1 Bad

- 5 Stängel getrockneter Majoran
- Mörser
- 150 g Salz aus dem Toten Meer

Ganze Majoranstängel trocknen (Blüten und Blätter). Dann die Blätter und Blüten von den Zweigen abstreifen und im Mörser zu Pulver zerstoßen. Gründlich mit dem Salz mischen.

LAVENDEL

(Lavandula angustifolia)

Lippenblütler – Lamiaceae

Ätherisches Lavendelöl wird häufig wegen seiner antibakteriellen, antiviralen und antimykotischen Eigenschaften verwendet. Lavendel beruhigt das Nervensystem und fördert den Schlaf.

Wirkung auf die Haut

Desinfizierend, antibakteriell, antiviral und antimykotisch. Lindert Schmerz und vertreibt Insekten. Auf das Nervensystem wirkt Lavendel beruhigend, entspannend, harmonisierend und schlaffördernd.

Anwendungsbereiche

Leichte Verbrennungen, Sonnenbrand, infizierte Wunden, Insektenstiche, Fieberbläschen und bei Läusen. Außerdem bei Nervosität, Stress, Unruhe und Schlaflosigkeit.

Inhaltsstoffe

Ätherische Öle, Gerbstoffe, Bitterstoffe, Triterpene, Phenolsäuren und Flavonoide.

Verwendete Teile

Die Blüten für eine Tinktur, einen Absud oder einen Aufguss. Ätherisches Öl: 1–3 Tropfen mit 1 EL Basisöl mischen.
Die getrockneten Blüten können auch zu Pulver zerstoßen werden. Man kann mit dem Lavendelpulver Salbe herstellen sowie Essig, Öl oder Honig aromatisieren.

HAUTÖL MIT LAVENDEL

Ein Hautöl trägt man am besten auf, wenn die Haut noch feucht und warm vom Baden oder Duschen ist. Die Haut nimmt das Öl dann besser auf und Sie brauchen weniger davon.

Zutaten für 100 ml

- 10 g Lavendelblüten
- 100 ml Mandelöl oder ein anderes Basisöl nach Wahl
- sauberes Glas (100 ml)
- Käseleinen
- saubere Flasche mit Verschluss (100 ml)

Die Lavendelblüten in das Glas füllen und mit dem Öl bedecken. Das Glas mit Käseleinen abdecken und mit einem Gummiband fixieren. 6 Wochen stehen lassen. Gelegentlich umrühren.
Schnelle Variante: Das Öl mit dem Lavendel im Wasserbad für etwa 48 Stunden erhitzen. Gelegentlich umrühren und darauf achten, dass das Wasser nicht verdunstet. Nachts den Herd abschalten und am nächsten Tag wieder einschalten.
Für beide Varianten gilt: Das Öl abseihen und in die Flasche füllen.

BODYBUTTER MIT LAVENDEL

Diese Bodybutter eignet sich besonders gut für den Abend, weil Lavendel das Nervensystem beruhigt und den Schlaf fördert. Sie können aber auch ein anderes ätherisches Öl verwenden.

Zutaten für ca. 175 ml

- 50 g Kokosöl
- 100 g Sheabutter
- 10 ml (1 EL) Kamillen-Ölmazerat
- 20 Tropfen ätherisches Lavendelöl
- sauberes Schraubglas mit (150 ml)

Das Kokosöl erwärmen, bis es geschmolzen ist. Die Sheabutter in einer Schüssel cremig rühren. Geschmolzenes Kokosöl und Kamillen-Ölmazerat hinzufügen und alles gründlich verrühren. Zuletzt das ätherische Lavendelöl unterrühren. Die Mischung in das Glas füllen und verschließen.

KÖRPERMILCH MIT ROSMARIN ODER LAVENDEL

Ätherisches Rosmarinöl hat eine anregende Wirkung auf das Nervensystem. Das Öl wurde schon vor Jahrtausenden im alten Ägypten sowie in der römischen und griechischen Antike verwendet und galt damals als heilig. Rosmarinöl regt die Durchblutung an, hilft gegen Kopf- und Nervenschmerzen und bringt das ganze System in Schwung. Perfekt für eine Körpermilch nach der morgendlichen Dusche.

Zutaten für ca. 250 ml

- 100 g Sheabutter
- 100 g Kokosöl
- 10 ml (1 EL) Kamillen-Ölmazerat
- 10 ml (1 EL) Arganöl
- 20 Tropfen ätherisches Rosmarin- oder Lavendelöl
- Stabmixer
- sauberes Gefäß mit Deckel (250 ml)

Die Sheabutter kurz erwärmen, bis sie geschmolzen ist. Das Kokosöl zugeben und die Mischung mit dem Stabmixer leicht schaumig rühren. Kamillen-Ölmazerat und Arganöl unterrühren, zuletzt das Rosmarinöl untermischen. In das Gefäß füllen.

BABYSALBE MIT ZINK GEGEN WINDELAUSSCHLAG

Windelausschlag kann für Kinder sehr unangenehm sein. Linderung bringt diese milde Salbe.

Zutaten für ca. 200 g

- 125 g Kokosöl
- 2 g (1 EL) Ringelblumen
- 2 g (1 EL) Kamillenblüten
- 60 g Sheabutter
- 5 g (1 TL) Zinkoxid (Pulver)
- Käseleinen
- sauberes Glas mit Deckel (200–250 ml)

Das Kokosöl in eine Schüssel geben und im Wasserbad schmelzen. Ringelblumen und Kamillenblüten hinzufügen und die Mischung einige Stunden über dem Wasserbad ziehen lassen. Falls nötig, das Wasserbad zwischendurch auffüllen. Inzwischen die Sheabutter kurz erwärmen, bis sie geschmolzen ist. Wenn das Kokosöl goldgelb ist und nach den Blüten duftet, durch das Käseleinen abseihen. Die Sheabutter einrühren. Das Zinkoxid hinzufügen, gründlich umrühren und die Salbe in das Glas füllen.

INGWER

(Zingiber officinale)

Ingwerfamilie – Zingiberaceae

Ingwer stammt ursprünglich aus Indien und ist inzwischen auch bei uns überall erhältlich. Heutzutage wird er in Südostasien und in vielen anderen (sub-)tropischen Ländern angebaut. Ingwer wird häufig in der ayurvedischen und chinesischen Küche verwendet.

Wirkung auf die Haut

Entzündungshemmend und schmerzlindernd. Regt den Kreislauf an und fördert die Durchblutung der Haut.

Anwendungsbereiche

Unreine Haut, Akne, Wunden und bei schlechter Durchblutung (kalte Hände und Füße im Winter).

Inhaltsstoffe

Ätherisches Öl, Oleoresin, Phenole, Enzyme, Vitamin B1, B2, B3, B6, C und Beta-Carotin, Mineralstoffe wie Kalzium, Magnesium, Phosphor, Kalium und Selen, Wachs, Kohlenhydrate, Proteine, organische Säuren und Ballaststoffe.

Verwendete Teile

Das Rhizom (vorzugsweise die kleineren, einjährigen).

INGWERÖL

Ingwer schmeckt köstlich in asiatischen Gerichten oder in Goldener Milch (Mandelmilch mit Kurkuma und Zimt). Aber er eignet sich auch für die Hautpflege. Ingweröl lässt sich leicht selbst herstellen. Es duftet angenehm und regt die Durchblutung an. Das Öl hilft gegen Haut- und Gelenkentzündungen und lindert Muskelschmerzen.

Zutaten für 100 ml

- 10 g Ingwerwurzel
- 100 ml Mandelöl
- saubere Flasche mit Verschluss (100 ml)

Den Ingwer in Scheiben schneiden und mit dem Öl in einen Topf geben. Über einem Wasserbad erhitzen. Etwa eine halbe Stunde ziehen lassen, dann abseihen. In die Flasche füllen und den Deckel schließen.

ARNIKA
(Arnika montana)

Korbblütler – Asteraceae

Arnika trägt hübsche Blüten in kräftigem Gelb oder Orange. Die Pflanze wächst hauptsächlich in den Bergen, etwa in Österreich und der Schweiz. Ich verwende Arnika bei Prellungen und Blutergüssen, also Blessuren, bei denen die Haut nicht verletzt ist. (Bei Abschürfungen und anderen offenen Wunden sind Ringelblume, Johanniskraut oder Kamille die bessere Wahl.) Ein Bad oder eine Massage mit Arnikaöl hilft gegen Muskelkater.

Wirkung auf die Haut
Schmerzstillend, entwässernd (dadurch abschwellend) und entzündungshemmend.

Anwendungsbereiche
Blutergüsse, Schwellungen, Prellungen und Muskelschmerzen.

Inhaltsstoffe
Ätherisches Öl, Bitterstoffe (unter anderem Helenalin), Harz, Flavonglykoside, Gerbstoffe, Cholin und Silizium.

Verwendete Teile
Trockene oder frische Blüten und Wurzel für eine Tinktur oder Kompresse. Die Tinktur kann unverdünnt auf die Haut aufgetragen werden. Für eine Kompresse:
40 Tropfen Tinktur auf ½ Liter abgekochtes, abgekühltes Wasser. Frische Blüten für ein Öl, das als Grundlage für eine Salbe verwendet werden kann.

VORSICHT!
Arnika kann eine allergische Hautreaktion hervorrufen. In diesem Fall die Anwendung sofort abbrechen.

MASSAGEÖL MIT ARNIKA

Dieses Öl eignet sich hervorragend für Massagen bei Muskelschmerzen.

Zutaten für ca. 150 ml

- 50 g Arnika (getrocknete Blüten und Wurzel)
- 100 ml Öl
- saubere Flasche mit Verschluss (150 ml)

Die Pflanzenteile in einer hitzebeständigen Schüssel mit dem Öl mischen und 48 Stunden über einem Wasserbad erhitzen. Den Herd über Nacht ausschalten und am nächsten Tag wieder einschalten. Abseihen und in die Flasche füllen.

MAGNESIUMSPRAY

Auch dieses Spray lindert Muskelschmerzen wirkungsvoll.

Zutaten für 300 ml

- 10 g Magnesiumchlorid (Flocken oder Pulver)
- 250 ml kochendes Wasser
- 50 Tropfen Arnikatinktur
- saubere Sprühflasche (300 ml)

Für die Arnikatinktur getrocknete Arnika (Blüten und Wurzeln) in ein Glas füllen und mit Wodka übergießen. 6 Wochen mit geschlossenem Deckel ziehen lassen, dabei zwischendurch schütteln. Die Tinktur abseihen.

Das Magnesiumchlorid in kochend heißes Wasser geben und verrühren, bis es sich aufgelöst hat. Abkühlen lassen und die Arnikatinktur hinzufügen. In die Sprühflasche füllen und ein Etikett auf die Flasche kleben.

ÖL FÜR DIE INTIMPFLEGE

Für die Genitalien ist nicht jedes Öl geeignet. Verwenden Sie nur sanfte natürliche Öle, etwa mit Kamille und Frauenmantel. Ätherische Öle und Seife können die empfindliche Haut reizen.

Zutaten für 150 ml

- ca. 20 g Kamille
- ca. 20 g Frauenmantel
- 100 ml Bio-Mandelöl
- 2 saubere Gläser, eins mit Deckel (à 150 g)
- Käseleinen

Die Pflanzenteile in ein Glas füllen und mit dem Öl übergießen. Ein Stück Käseleinen über das Glas legen und mit einem Gummiband oder einer Schnur fixieren.
4 Wochen stehen lassen, dabei jeden zweiten Tag umrühren. Abseihen, das Öl in das andere Glas gießen und mit dem Deckel verschließen. Ein Etikett aufkleben.

DAMPFBAD FÜR DIE INTIMZONE

In einigen nordafrikanischen Ländern ist es üblich, nach der Entbindung ein Bett aus Minze auf den Boden zu legen und sich hineinzusetzen, um Vagina, Gebärmutter und Eierstöcke zu reinigen. Nach der Menstruation reinigen manche Frauen in Nordafrika den Unterleib mit Dampfbädern. Kürzlich habe ich gehört, dass solche Dampfbäder auch in Westeuropa nicht unüblich sind.

Zutaten für 1 Dampfbad

- 50 g Kräuter wie Minze, Melisse, Kamille oder Frauenmantel
- 500 ml frisch abgekochtes Wasser
- Eimer

Die Kräuter in einen Eimer geben und mit dem heißen Wasser übergießen. Setzen Sie sich auf den Eimer, um Ihren Unterkörper zu bedampfen und zu reinigen. Achten Sie darauf, dass der Dampf nicht zu heiß ist. Solche Dampfbäder nicht während der Menstruation oder der Schwangerschaft anwenden.

HANDPFLEGE

HANDCREME

Diese beruhigende Creme pflegt die Hände und schützt die Haut vor dem Austrocknen.

Zutaten für ca. 150 ml
- 50 g Bienenwachs
- 50 g Kokosöl
- 50 g Sheabutter
- 10 Tropfen Vitamin-E-Öl
- 10 Tropfen ätherisches Öl nach Wahl
- sauberes Schraubglas (150 ml)

Das Bienenwachs im Wasserbad erhitzen bis es geschmolzen ist, dann Kokosöl und Sheabutter hinzufügen. Schmelzen lassen und gründlich vermischen. Das Vitamin-E-Öl zugeben. Den Topf vom Herd nehmen und das ätherische Öl unterrühren. In das Glas gießen, erstarren lassen und mit dem Deckel verschließen. Ein Etikett aufkleben.

HANDBAD MIT ACKER-SCHACHTELHALM

Acker-Schachtelhalm pflegt und stärkt die Nägel, Kamillenöl macht die Nagelhaut weich.

Zutaten für 1 Bad
- 20 g (1 Handvoll) Acker-Schachtelhalm
- 150 ml Wasser
- 10 Tropfen Kamillenöl

Acker-Schachtelhalm im Wasser etwa 10 Minuten sanft kochen. Das Kamillenöl zugeben. Etwas abkühlen lassen, dann die Hände 10 Minuten in der Mischung baden.

HANDBALSAM NACH LIZA WITTE

Liza Witte stellt herrlich duftende Hautöle, Raumsprays, Handpflegemittel und Seifen her. Ich bin in verschiedenen Geschäften auf ihre Produkte gestoßen, in denen es immer köstlich duftete. Liza verwendet gerne Düfte, die uns auch in der Küche begegnen, wie Kardamom, Schokolade und Vanille.

Liza ist eine wahre Duftkünstlerin, aber sie ist auch Stylistin und Keramikerin (siehe Foto rechts, Bestelladresse im Anhang). Wenn ich sie besuche, sehe ich überall Flaschen und Gläser. Momentan experimentiert sie mit fester Handcreme, ähnlich den Scheiben, die Bergsteiger nutzen, um ihre geschundenen Hände zu pflegen. Liza hat einen Balsam für Winterhände und strapazierte Hände, etwa von der Gartenarbeit oder vom Töpfern, entwickelt.

Hier verrät sie ihr Rezept.

Liza: »Ich nenne es Handflächenbalsam für harte Arbeiter, Bergsteiger, Töpfer und Gärtner. Der Balsam beruhigt die raue, rissige Haut und kann sogar verhindern, dass die Haut durch harte Arbeit angegriffen wird. Man reibt die Scheibe zwischen den Handflächen, sodass ein wenig davon schmilzt. Der ergiebige Balsam kann auch vor dem Schlafengehen verwendet werden.«

Utensilien
- Präzisionswaage
- Wasserbadtopf
- saubere Marmeladengläser zum Schmelzen der Zutaten
- 2 Rührstäbchen aus Glas oder Holz
- 4 kleine Pappbecher oder Silikonförmchen als Gießformen
- 4 kleine Dosen zum Aufbewahren des Balsams

Zutaten für 4 kleine Portionen à 23 g

- 33 g Bienenwachs, roh, gelb, in Stücken und nicht desodoriert (es sei denn, Sie mögen den Geruch von Bienenwachs nicht)
- 23 g Traubenkernöl
- 22 g Mandel- oder Aprikosenkernöl
- 10 g Weizenkeimöl (alternativ 5 g Weizenkeimöl + 5 g Sonnenblumenöl)
- 3,5 g Kakaobutter

Am besten verwendet man kaltgepresste Bio-Öle. Die meisten der hier genannten Öle sind in gut sortierten Biomärkten zu bekommen. Wichtig: Alle Zutaten, auch die flüssigen, abwiegen, denn 100 ml Öl wiegen nicht 100 g. Die Zutaten müssen exakt abgewogen werden, damit die Scheiben nicht zu weich und nicht zu hart werden.

Zutaten für den Duft
Die Würfel duften zart nach Bienenwachs. Wer möchte, kann noch eine Duftzutat hinzufügen:

- 6–10 Tropfen ätherisches Öl nach Wahl, zum Beispiel Weihrauch, Patchouli, Kamille, Myrrhe, Zedernholz und Lavendel

Sie können auch einen öligen Auszug aus Pflanzen mit Ihrem Lieblingsduft herstellen (Rezept siehe Seite 12–14), beispielsweise aus Ringelblume, Lavendel, Rosmarin, Vanilleschote oder Tonkabohne. Die Tonkabohne ist die Frucht von Dipteryx odorata und duftet nach Vanille, Mandel, Zimt und Nelke (2–3 Tonkabohnen und ½–1 Vanilleschote auf 50 ml Öl).

Herstellung des Balsams
Das Bienenwachs in ein Marmeladenglas geben und im Wasserbad erhitzen. Währenddessen die anderen Öle abwiegen und in das andere Marmeladenglas geben. Wenn das Bienenwachs fast geschmolzen ist, das Glas mit der Ölmischung ebenfalls im Wasserbad erhitzen. Die Ölmischung nicht zu heiß werden lassen.
Wenn das Bienenwachs vollständig geschmolzen ist, die Ölmischung in das Bienenwachs gießen und gründlich umrühren. Nach Belieben ätherische Öle hinzufügen. Erneut umrühren und die Mischung in die Formen gießen. Etwa 2 Tage warten, bis die Mischung ausgehärtet ist. Aus den Formen nehmen und in Metalldosen aufbewahren.

HANDDESINFEKTION

Ideal für alle, die ihre Hände lieber ohne Chemikalien desinfizieren wollen.

Zutaten für 100 ml

- 50 ml Zaubernusshydrolat (Hamameliswasser)
- saubere Zerstäuberflasche (100 ml)
- 10 Tropfen Johanniskrauttinktur
- 10 Tropfen Vitamin-E-Öl
- 10 Tropfen ätherische Öle von Teebaum oder Melisse
- ca. 25 ml Wasser (zum Auffüllen)

Das Zaubernusshydrolat in die Flasche geben, Johanniskrauttinktur und Vitamin-E-Öl hinzufügen. Zuletzt die ätherischen Öle zugeben und die Flasche mit Wasser auffüllen. Vor Gebrauch schütteln.

ROSMARIN

(Rosmarinus officinalis)

Lippenblütler - Lamiaceae

Rosmarin ist eine subtropische Pflanze, die auch bei uns gedeiht. Der Strauch trägt hübsche Lippenblüten in hellem Lila. Der würzige Duft der Blätter regt den gesamten Organismus an, hat aber auch eine beruhigende Wirkung. Rosmarin bringt Sie also ins Gleichgewicht.

Wirkung auf die Haut

Verbessert die Durchblutung. Der Duft wirkt zudem belebend und beruhigend zugleich. Rosmarin hat eine stärkende Wirkung auf das Nervensystem und auf den ganzen Körper.

Anwendungsbereiche

Für kalte Hände und Füße im Winter, bei Müdigkeit, Erschöpfung, Depressionen, geistiger Überforderung und Genesung von Krankheiten.

Inhaltsstoffe

Ätherische Öle (unter anderem Kampfer, Cineol und Barneol), Saponine, Flavonoide, Gerbstoffe, Bitterstoffe, Kalzium, B-Vitamine und Rosmarinsäure.

Verwendete Teile

Blätter und blühende Triebspitzen, Ernte im August/ September. Ätherisches Öl: Kurz nach der Blüte enthält Rosmarin das meiste ätherische Öl.

FUSSPFLEGE

FUSSBAD MIT ROSMARIN UND MAGNESIUM

Rosmarin kurbelt die Durchblutung an. Darum eignet sich dieses Bad vor allem für kalte Füße im Winter.

Zutaten für 1 Fußbad
- 15 g Magnesiumchlorid (Flocken oder Pulver)
- 20 g (1 Zweig) Rosmarin
- 500 ml kochendes Wasser

Magnesiumflocken und Rosmarin in eine Schüssel geben und mit dem Wasser übergießen. Mindestens 10 Minuten stehen lassen, bis das Wasser auf eine angenehme Temperatur abgekühlt ist. Die Füße (oder Hände) 10 Minuten darin baden.

FUSSBAD MIT KRÄUTERN

Gut geeignet für ein Fußbad am Abend sind beispielsweise:

- beruhigende Kamillenblüten oder Rosenblätter
- desinfizierendes Natron
- beruhigendes ätherisches Lavendelöl
- schweißhemmendes ätherisches Salbeiöl
- kühlender Apfelessig

FUSSÖL MIT MINZE UND SALBEI

Dieses Fußöl wirkt gut gegen Pilzinfektionen, erfrischt und hemmt dank Salbei und Minze die Schweißproduktion. Morgens nach dem Duschen oder kurz vor dem Schlafengehen anwenden.

Zutaten für 50 ml

- 50 ml Mandelöl oder ein anderes Basisöl nach Wahl
- 10 Tropfen Minzöl
- 10 Tropfen Salbeiöl
- saubere Flasche mit Verschluss (50 ml)

Die Öle in der Flasche mischen und gründlich schütteln.

FUSSPUDER MIT SALBEI

Ein angenehm kühlender und schweißhemmender Puder.

Zutaten für 20 g

- 10 g Salbeiblätter, getrocknet
- Mörser
- 5 g Tonerde
- 5 g Maisstärke
- Streudose

Den Salbei im Mörser zu Pulver zerstoßen. Tonerde und Stärke dazugeben, gründlich vermischen und in der Streudose aufbewahren.

ÖL ODER GEL GEGEN NAGELPILZ

Nagelpilz ist hartnäckig und schwer zu behandeln. Dieses Rezept ist einen Versuch wert. Für ein Gel ersetzen Sie das Mandelöl durch 50 ml Aloe-vera-Gel.

Zutaten für 50 ml

- 50 ml Mandelöl (alternativ anderes Basisöl nach Wahl)
- 10 Tropfen Nelkenöl
- 10 Tropfen ätherisches Rosmarinöl
- 10 Tropfen ätherisches Teebaumöl
- 5 Tropfen ätherisches Eukalyptus- oder Kiefernöl
- 5 Tropfen ätherisches Thymianöl
- saubere Flasche mit Verschluss (50 ml)

Alle Zutaten gründlich mischen, in die Flasche füllen und zweimal täglich auf die befallenen Nägel auftragen.

SCHÖNHEIT VON INNEN

Es reicht nicht aus, die Haut nur zu reinigen und zu pflegen. Auch eine gesunde Ernährung ist wichtig. Darüber könnte ich ein ganzes Buch schreiben, deshalb beschränke ich mich hier auf ein paar Tipps speziell für die Haut.

- Trinken Sie viel Wasser oder Kräutertee.

- Nehmen Sie zusätzliches Vitamin C. Nach dem 25. Lebensjahr nimmt die Kollagenproduktion ab, was zu Hautalterung und Verlust von Festigkeit und Elastizität führt. Vitamin C trägt zur Kollagenbildung bei.

- Essen Sie reichlich gesunde Fette: natives Olivenöl extra, Walnussöl, ölhaltiger Fisch, Leinöl, Avocados und Nüsse.

- Nehmen Sie ausreichend Antioxidantien zu sich: Vitamin A (Karotten, Süßkartoffel), Vitamin E (Avocados) und Carotinoide (wie der rote Farbstoff in Tomaten).

- Nehmen Sie genügend Zink zu sich. Das Spurenelement nährt die Haut von innen heraus. Der Körper kann Zink nicht selbst herstellen, wählen Sie daher zinkreiche Lebensmittel wie Sesam und Nüsse.

- Silizium (in Hafermalz oder Brennnessel) nährt die Haut von innen heraus.

- Eine schlechte Darmflora kann Hautprobleme verursachen, wie Ekzeme, Schuppenflechte, Akne oder Schuppen. Kefir, Kimchi und Kombucha enthalten Probiotika für eine gesunde Darmflora.

- Nehmen Sie B-Vitamine aus Vollkorngetreide, Nüssen, Samen, Milchprodukten, Fisch und Ei zu sich.

- Ebenfalls wichtig: Versuchen Sie, sich oft an der frischen Luft zu bewegen, und vermeiden Sie Stress.

BIRKE
(Betula)

Birkengewächse - Betulaceae

Die schöne Birke mit ihrem weißen Stamm und tanzenden, hellgrünen Blättern besitzt stark reinigende Eigenschaften. Das gilt sowohl für die Hänge-Birke (Betula pendula) als auch für die Moor-Birke (Betula pubescens).

Wirkung auf Haut und Haar
Reinigend und heilend.

Anwendungsbereiche
Ekzeme, Schuppenflechte, schlecht heilende Wunden, Erysipel, offene Beine und Windelausschlag. Auch bei Haarausfall und Schuppenbildung.

Inhaltsstoffe
Gerbstoffe, Saponine, Flavonglykoside, ätherisches Öl, Betulin, Harz, Mineralstoffe Kalzium und Kalium, Vitamin C, Apfel- und Zitronensäure.

Verwendete Teile
Die frischen, jungen hellgrünen Blätter im Mai und Juni. Das Blatt und die Rinde (einschließlich Harz) für eine Tinktur. Die Blätter für einen Tee. Aus der Rinde wird ein Harz gewonnen, das zu Salbe und Tinktur verarbeitet werden kann. Birkensaft als stärkende Frühjahrskur. Ernten Sie den Saft nur im Frühjahr, wenn er aufsteigt. Am besten bei abnehmendem Mond ernten, damit der Baum nicht ausblutet, und die Öffnung mit Baumwachs abdecken. Der Saft ist nur kurz haltbar.

WILDES STIEFMÜTTERCHEN

(Viola tricolor)

Veilchengewächse – Violaceae

Wirkung auf die Haut

Beruhigend und entzündungshemmend.

Anwendungsbereiche

Chronische, schuppende Hauterkrankungen wie Schuppenflechte. Ekzeme, Wurmbefall, Windelekzeme, fettige Haut, Akne, Mitesser, Pickel und juckende Hauterkrankungen. Kann auch innerlich angewendet werden.

Inhaltsstoffe

Schleimstoffe, Flavonoide, Anthocyane, Salizylsäure, Phenolsäuren, Vitamin C, E und K, Mineralstoffe und Gerbstoffe.

Verwendete Teile

Das ganze Kraut, geerntet während der Blütezeit, für eine Tinktur oder Aufguss. Auch für Kompressen und Spülungen.

BEINWELL
(Symphytum officinale)

Raublattgewächse - Boraginaceae

Beinwell hilft, Wunden zu heilen. Die Pflanze kann sogar bei verunreinigten Wunden angewendet werden, und sie soll helfen, Knochenbrüche schneller zu heilen.

Wirkung auf die Haut
Entzündungshemmend und reinigend, adstringierend, wundheilend und gewebereparierend. Verhindert die Bildung von Narbengewebe, regt die Durchblutung an, wirkt Schwellungen entgegen und ist schmerzlindernd. Beugt der vorzeitigen Hautalterung vor und erhält die Elastizität der Haut. Spendet allen Hauttypen Feuchtigkeit und macht sie geschmeidig.

Anwendungsbereiche
Akne, Entzündungen, Geschwüre, Wunden, Schrunden, Schuppenflechte, Ekzeme, Juckreiz, blaue Flecken, Beulen, Flüssigkeitsansammlungen und Blutergüsse. Hilft auch bei Sehnenentzündungen, Knochenbrüchen und Muskel- und Nervenschmerzen.

Inhaltsstoffe der Wurzel
Schleimstoffe, Allantoin, Gerbstoffe, Phenolsäuren, Phytosterole, Pyrrolizidinalkaloide, Aminosäuren, Proteine, Vitamin B1, B2, B3, B 4 (Cholin), B5, B12, C, D und E, Mineralstoffe wie Kalzium, Kalium, Phosphor, Eisen, Jod, Magnesium, Mangan.

Verwendete Teile
Frische Wurzel und Blatt für eine Tinktur. Die ganze Pflanze, besonders die Wurzel, enthält Pyrrolizidinalkaloide, die leberschädigend wirken können. Darum wird empfohlen, die Pflanze nur äußerlich und keinesfalls während der Schwangerschaft oder Stillzeit anzuwenden. Blätter für einen Aufguss zum Spülen von Wunden. Frische Wurzel reiben und auf eine Wunde legen.

BEINWELLSALBE

Diese Salbe eignet sich für die auf Seite 201 genannten Hautprobleme und hilft, vorzeitiger Hautalterung vorzubeugen.

Zutaten für 200 ml

- 100 g Beinwell (Blätter und Wurzeln)
- 175 ml Kokosöl
- 15 g Bienenwachs
- sauberes Schraubglas (200 ml)

Die Blätter des Beinwells bei trockenem Wetter abzupfen und noch etwas trocknen. Wenn nötig, in kleinere Stücke schneiden. Die Wurzeln ausgraben, waschen, trocknen und in Scheiben schneiden.

Das Kokosöl erhitzen und schmelzen. Blätter und Wurzeln dazugeben und 1 Stunde lang sanft erhitzen. Das Bienenwachs im Wasserbad erhitzen, bis es geschmolzen ist. Das Öl abseihen und zum Bienenwachs geben. Gründlich vermischen, in das Glas füllen und vollständig erkalten lassen. Dann erst mit dem Deckel verschließen. Ein Etikett auf das Glas kleben.

MEERRETTICH
(Armoracia rusticana)

Kreuzblütler - Brassicaceae

Die Meerrettichwurzel ist für ihre Heilwirkung bekannt. Man kann sie verwenden, um Splitter und Entzündungen aus der Haut zu ziehen.

Wirkung auf die Haut
Fördert die Hautheilung und die Blutzirkulation.

Anwendungsbereiche
Schlecht heilende Wunden und wucherndes Fleisch, kalte Hände und Füße. Bei Rheuma, Gicht, Nerven- und Muskelschmerzen für Kompressen.

Inhaltsstoffe
Ätherisches Öl, Enzyme, Flavonoide, Cumarine, Phenolsäuren, Vitamin B1, B2, B3, C, Aminosäuren, Kohlenhydrate und Mineralstoffe wie Kalium, Phosphor, Kalzium, Schwefel, Kieselsäure, Zink und Eisen.

KOMPRESSE MIT MEERRETTICH ODER LEINSAMEN

Um Splitter und Schmutz aus Wunden zu ziehen, kann man sowohl Meerrettich als auch Leinsamen verwenden.

Zutaten für 1 Kompresse mit Meerrettich

- ½ Meerrettichwurzel
- Reibe
- Kompresse

Die Meerrettichwurzel fein raspeln und direkt auf die Haut legen. Mit der Kompresse bedecken und über Nacht einwirken lassen.

Zutaten für 1 Kompresse mit Leinsamen

- 50 g Leinsamen
- 100 ml Wasser
- Kompresse

Die Leinsamen in einer Schüssel mit dem Wasser 20 Minuten quellen lassen. Dann direkt auf die Wunde oder den Splitter legen. Mit der Kompresse bedecken und über Nacht einwirken lassen.

Verwendete Teile

Die Wurzel, am besten frisch. Wurzeln und Blätter sind essbar. Eine Tinktur herstellen und für Kompressen mit Wasser verdünnen. Alternativ die geraspelte Wurzel direkt auf die Haut geben.

BRAUNWURZ
(Scrophularia nodosa)

Braunwurzgewächse - Scrophulariaceae

Braunwurz wächst überall, fällt aber kaum auf. Obwohl sie eine große Pflanze ist, hat sie unscheinbare Blüten und einen unangenehmen Geruch. Die Pflanze ist geschützt. Wer sie verwenden will, muss sie selbst anpflanzen.

Wirkung auf die Haut
Reinigend, wundheilend und entzündungshemmend. Lindert Juckreiz.

Anwendungsbereiche
Ekzeme, Psoriasis und chronische Hautkrankheiten. Erschlaffte Kapillare (z.B. Rosacea), Krampfadern und Hämorrhoiden.

Inhaltsstoffe

Saponine, Flavonoide, Gerbstoffe, organische Säuren, Glykoside, Schleim, Harz und Vitamin C.

Verwendete Teile
Das ganze blühende Kraut (im Sommer gepflückt) und/oder die Wurzel (im Herbst geerntet) für eine Tinktur. Für eine Doppeltinktur verwendet man zuerst das blühende Kraut und fügt im Herbst die Wurzel hinzu.
Die Wurzeln (dickste Wurzelknöllchen) in Öl einlegen. Das Ölmazerat dient als Grundlage für die Braunwurzsalbe.

SALBE MIT BRAUNWURZ UND ZAUBERNUSS (HAMAMELIS)

Zur Verbesserung der Durchblutung bei erschlafften Blutgefäßen, Krampfadern oder Hämorrhoiden.

Zutaten für 200 ml

- 100 g Braunwurzwurzel, frisch oder getrocknet
- 1 Zweig Zaubernuss (alternativ 100 g Rinde und Blätter, getrocknet)
- 175 ml Basisöl nach Wahl
- 30 g Bienenwachs
- sauberes Schraubglas (200 ml)

Anstelle des Basisöls kann auch Kokosöl verwendet werden, dann jedoch die Bienenwachsmenge halbieren.

Wenn Sie Braunwurz im Garten haben, graben Sie einen Teil der Wurzeln aus. Die Wurzeln waschen, abtrocknen und in Scheiben schneiden. Man kann auch getrocknete Braunwurzwurzel kaufen. Von einem Zweig der Zaubernuss Rinde und Blätter ablösen. Die Pflanzenteile in das Öl geben, langsam erhitzen und 2 Stunden leicht köcheln lassen. Das Öl abseihen. Das Bienenwachs im Wasserbad schmelzen, dann das Öl dazugeben. Gründlich verrühren und in das Glas umfüllen. Erkalten lassen, dann erst den Deckel schließen. Ein Etikett aufkleben.

PRODUKTE FÜR DIE WOHNUNG

ENERGETISCHE REINIGUNG

Die traditionellen Heiler (Curanderos) in Mittel- und Südamerika arbeiten mit Pflanzen, um Körper und Wohnräume energetisch zu heilen und zu reinigen. Sie verwenden zum Beispiel Zweige und streichen damit über den Körper. Oder sie verbrennen eine Pflanze und verteilen ihren Rauch um eine Person. Dafür verwenden sie oft weißen Salbei oder Palo Santo, das Holz des Guajakbaums (Bulnesia sarmientoi). Aber auch unsere einheimischen Pflanzen wie Kiefer, Beifuß, Rainfarn, Gelbklee, Salbei, Rosmarin, Eukalyptus oder Lavendel eignen sich dafür. Diese Verwendung von Pflanzen ist in Westeuropa unüblich, aber was spricht gegen einen Versuch?

Düfte können eine anregende oder beruhigende Wirkung auf das Nervensystem haben und das Haus oder den Körper energetisch reinigen. Sie können Pflanzen und Kräuter einfach aufhängen, verbrennen oder räuchern. Sie können auch ätherisches Öl in einem Diffuser verdampfen. Einige Öle haben eine beruhigende Wirkung, wie Lavendel und Linde, während andere anregend sind, etwa Rosmarin, Thymian und Majoran.

SCHLAFZIMMERSPRAY MIT LAVENDEL ODER KIEFER

Dieses einfache Spray verhilft Ihnen zu einem erholsamen Nachtschlaf.

Zutaten für 100 ml
- 50 ml Wodka (40%iger Alkohol)
- 50 ml Mineralwasser
- 20 Tropfen ätherisches Lavendelöl (alternativ Kiefernöl)
- saubere Sprühflasche (100 ml)

Die Flüssigkeiten in die Sprühflasche gießen und schütteln. Das Spray ist sofort einsatzbereit.

AQUA DE FLORIDA

Aqua de Florida bedeutet wörtlich »Blumenwasser«. Es ist eines der ersten natürlichen Parfüms und wurde 1808 von Robert Murray entwickelt. Der Duft wird zur energetischen Reinigung von Räumen und Auren verwendet. Dies ist das Rezept für mein Aqua de Florida.

Zutaten für 100 ml

- Schalen von 1 Orange, 1 Zitrone, 1 Mandarine (alternativ Grapefruit), in Bio-Qualität und gründlich abgespült
- 5 Zweige Minze
- 4 Zweige Rosmarin
- 4 Zimtstangen
- 3 Sternanis
- 2 EL Lavendel
- saubere Flasche (100 ml)
- 50 ml Wodka (40%iger Alkohol)
- 50 ml Mineralwasser
- saubere Sprühflasche (100 ml)

Die Pflanzenteile und Schalen in die Flasche geben. Mit dem Wodka übergießen und mit dem Wasser auffüllen, bis die Zutaten bedeckt sind. 3 Wochen ziehen lassen, dann abseihen und in die Sprühflasche füllen.

SCHÜTZENDE KRÄUTER

Kräuterbündel können angezündet werden, um mit dem Rauch eine energetische Reinigung von Räumen durchzuführen. Der angenehme Duft verbessert die Atmosphäre in der Wohnung. Gut geeignet sind beispielsweise Zedernholz, Lavendel, Beifuß, Salbei, Rainfarn und Steinklee.

Zedernholz schützt vor unliebsamen Energien und hält Ihre Kleidung frei von Motten.

Rainfarn bietet Schutz und vertreibt unangenehme Gerüche. Wird verwendet, um den Heuboden frei von Läusen und Flöhen zu halten.

Waldmeister wurde früher auf den Boden gelegt, damit das Haus gut riecht. Blüht im Mai und heißt neue Energie willkommen.

Jasmin ist ein wunderbarer Raumduft.

Steinklee enthält angenehm duftende Cumarine. Der Duft hat eine beruhigende Wirkung auf das Nervensystem. Auch das weiße Geißblatt enthält Cumarine.

Beifuß schützt vor bösen Energien. Sein lateinischer Name ist Artemisia vulgaris. Der Name bezieht sich auf Artemis, die Göttin des Mondes und der Jagd - und damit auch der Natur und der Kräuterkunde - und Schutzpatronin der Schwangeren und Gebärenden.

Lavendel hat einen herrlich beruhigenden Duft, der auch gegen Kopfschmerzen helfen kann.

Salbei wird oft zur Reinigung und zum Schutz von Räumen verwendet.

Rosmarin wirkt aufmunternd und anregend und hilft, melancholische Gefühle zu vertreiben.

Kiefer und Eukalyptus haben eine reinigende Wirkung - auch gegen Bakterien und Viren.

Hopfen fördert den Schlaf. Legen Sie einfach ein Bündel neben Ihr Kopfkissen.

KRÄUTERSÄCKCHEN

Für einen erholsamen Schlaf können Sie Duftsäckchen neben Ihr Kopfkissen legen. Besonders empfehlenswert sind Hopfen oder Lavendelblüten.

Zutaten für 2 Säckchen

- 50 g Lavendel- oder Hopfenblüten (eventuell auch die ätherischen Öle dieser Pflanzen)
- Stoffsäckchen, ca. 5 x 5 cm, selbst genäht

Die Säckchen mit den Blüten füllen, mit ätherischen Ölen beträufeln und abends zum Einschlafen neben das Kopfkissen legen.

RÄUCHERBÜNDEL

Die Kräuter für Räucherbündel können – müssen aber nicht – getrocknet werden. Einfach längliche Bündel daraus formen und mit Baumwollgarn umwickeln, um sie zusammenzuhalten. Die Bündel in einer Schale aus Metall oder Keramik verbrennen.

250ml

DUFTSTÄBCHEN NACH NATASJA

Natasja van der Meer stellt neben hinreißender Keramik auch wunderschöne Naturprodukte her, von Naturtinten und -pigmenten bis hin zu Duftstäbchen und Sprays für die Wohnung. Natasja hat erfolgreich als Künstlerin gearbeitet und dann beschlossen, nur noch mit natürlichen Materialien zu arbeiten. Das tut sie nun mit ihrem Unternehmen Native Nature.

Alle ihre Produkte sehen so schön aus, dass man sie sich als Fotos in Lifestyle-Zeitschriften vorstellen könnte. Zurzeit arbeitet sie an einem Buch über Brennnesseln. Und hier verrät sie uns ihr Rezept für Duftstäbchen.

Natasja: »Handelsübliche Duftstäbchen enthalten meist synthetische Duftstoffe und haben einen stolzen Preis. Dabei kann man sie ganz leicht selbst herstellen – und dabei sicher sein, dass nur natürliche und pflanzliche Zutaten verwendet werden.

Indem Sie verschiedene ätherische Öle miteinander mischen, können Sie einen persönlichen Lieblingsduft kreieren. Ein weiterer Vorteil ist, dass Sie das Behältnis passend zu Ihrem Wohnstil wählen können. Verwenden Sie eine Glas- oder Keramikvase mit einem schlanken Hals. So wird verhindert, dass der Duft zu schnell verfliegt.

Als Stäbchen kann man gekaufte Holzspieße verwenden, von denen man die Spitze abschneidet. Ich persönlich verwende am liebsten Zweige, die ich bei einem Waldspaziergang finde. Es ist wichtig, dass die Rinde entfernt wird, damit der Duft besser in das Holz eindringen kann. Zweige ohne Rinde liegen oft einfach am Weg, man muss nur die Augen offen halten.

Als Duftgrundlage wählt man ein pflanzliches Öl ohne starken Duft, zum Beispiel Mandel- oder Sonnenblumenöl. Das Öl wird mit einem geruchlosen Schnaps mit hohem Alkoholanteil gemischt, etwa Wodka oder Doppelkorn.
Für eine 100 ml Vase mischen Sie 50 ml Öl mit 50 ml Alkohol und geben 50 Tropfen ätherischer Öle nach Wahl hinzu. Gründlich mischen und die Duftmischung über einen Trichter in die Vase gießen. Dann noch 5–8 Stäbchen oder Zweige in die Vase stellen – fertig!«

DUFTKERZEN NACH FRANK BLOEM

Frank Bloem ist Parfümeur und Inhaber des Unternehmens The Snifferoo. Er hat unter anderem ein Seeluft-Parfüm für die Nordseeschutzorganisation Embassy of the North Sea und Elefantendüfte für den Artis-Zoo hergestellt. Er leitet Duft- und Parfümworkshops und hält Vorträge über Düfte. Hier verrät er sein Rezept für Duftkerzen.

Frank: »In den Parfümschulen in Grasse und Paris heißt es, dass ein guter Parfümeur noch kein guter Duftkerzenmacher ist. Es ist wirklich eine Kunst für sich, eine gute Duftkerze herzustellen, denn Duftstoffe reagieren in (Soja-)Wachs ganz anders als in Alkohol. Die bekannte Formel des Parfümeurs – Kopf-, Herz- und Basisnoten – lässt sich nicht anwenden. Außerdem dämpft (Soja-)Wachs den Duft enorm, sodass man eine sehr intensive Duftmischung anfertigen muss, um eine einigermaßen akzeptable Duftkerze zu erhalten.

Ich spreche jetzt nicht von den Duftkerzen, die man für 5 Euro kaufen kann. Hochwertige Duftkerzen kosten mehr als 50 Euro. Dieser Preis mag überzogen erscheinen, doch tatsächlich werden für eine Kerze oft mehr Duftstoffe verbraucht als für eine Flasche Parfüm. Wenn man es so betrachtet, sind Duftkerzen gar nicht so wahnsinnig teuer.

Bei einer Duftkerze kommt es vor allem auf den geschmolzenen Kerzenwachs um den Docht herum an. Die flüssige Wachsfläche sollte so groß wie möglich sein, denn daraus entweicht der Duft. In der Flamme verbrennt er und dann riecht man ihn nicht mehr im Raum.
Je weicher das Wachs ist, desto besser schmilzt es, aber desto langsamer erstarrt es auch wieder. Wenn Ihr Wachs zu hart ist, können Sie es weicher machen, indem Sie etwas Kokosnussöl hinzufügen. Der Docht sollte auf den Durchmesser des Behälters und das verwendete Wachs abgestimmt sein. Wenn der Docht zu dick ist, fängt die Kerze an zu rauchen, ist er zu dünn, gibt es nicht genug flüssiges Wachs.
Es gibt also viele Faktoren, die bei der Herstellung einer guten Duftkerze eine Rolle spielen. Dabei habe ich den Duft noch nicht einmal erwähnt.

Eine Duftkerze hat zwei Düfte: den Geruch der Kerze an sich und den Geruch, wenn sie brennt.

Wenn die Kerze aus ist, riecht man hauptsächlich die frischeren Duftkomponenten. Brennt sie, treten die schwereren Duftnoten stärker in den Vordergrund. Für das folgende Rezept habe ich nur ätherische Öle verwendet, die in Drogerien erhältlich sind. Es gibt selbstverständlich auch viele andere natürliche und synthetische Duftöle, die man in Kerzen verwenden kann.

Das optimale Verhältnis liegt bei 6 % Duftöl auf 94 % Wachs. Man kann den Duftölanteil auf 8 % erhöhen. Höher sollte er nicht sein, sonst kann das Wachs den Duftstoff nicht binden und er verdunstet aus der Kerze.«

Die Duftmischung

- 40 Tropfen ätherisches Lavendelöl
- 40 Tropfen ätherisches Patchouliöl
- 32 Tropfen ätherisches Zedernholzöl
- 26 Tropfen ätherisches Palmarosaöl
- 24 Tropfen ätherisches Bergamotteöl
- 20 Tropfen ätherisches Wacholderöl

Die gesamte Duftmischung wiegt 4,8 g. Das soll 6 % des Kerzengewichts ausmachen. Der Anteil des Wachses macht somit 75,2 g aus, also 94 %.

Weitere Zutaten und Utensilien

- Bio-Sojawachs* (weich)
- Docht mit Dochtfuß
- Schnapsglas
- hitzebeständiges Gefäß
- Eisstiele
- Messbecher
- Waage
- Löffel

*Sojawachs ist eine Alternative zu Bienenwachs und Paraffin. Es wird aus Sojabohnen hergestellt, die immer wieder neu gesät und geerntet werden können. Paraffin wird aus Erdöl gewonnen, also einem fossilen Brennstoff. Sojawachs ist auch darum die umweltfreundlichere Wahl, da es - anders als Paraffin - bei der Verbrennung keine Giftstoffe an die Luft abgibt. Sojawachs ist eine vegane Alternative zu Bienenwachs. Sie können auch Rapsölwachs verwenden.

Die Öle im Schnapsglas mischen. Das Wachs im Wasserbad schmelzen. Den Dochtfuß in der Mitte des Gefäßbodens mit etwas geschmolzenem Wachs (oder Klebstoff) befestigen. Nun den Docht spannen. Dafür zwei Eisstiele an einem Ende mit Klebeband zusammenhalten. Den Docht zwischen die Stiele schieben und die Stiele auf den Glasrand legen.

Den Messbecher auf die Waage stellen und 75,2 g geschmolzenes Wachs hineingießen.

Die 4,8 g Duftmischung hinzufügen und gründlich umrühren. Die Mischung in das Gefäß gießen und erstarren lassen.

Wenn das Wachs nicht gleichmäßig aushärtet oder, was noch schlimmer ist, wenn sich knapp unter der Oberfläche in der Nähe des Dochts ein Hohlraum gebildet hat, schmelzen Sie die oberste Schicht mit einem Föhn. Wenn Sie einen Hohlraum vermuten, mit einem Schaschlikspieß rings um den Docht einige Löcher stechen. Dann den warmen Luftstrom des Föhns darauf richten, bis die Löcher mit Wachs gefüllt sind und die Luft entwichen ist. Danach wird die Kerze viel besser aushärten.

Wenn das Wachs fest geworden ist, den Docht etwa ½ Zentimeter über dem Kerzenwachs abschneiden.

Frank: »Das ist alles ganz einfach. Aber wenn man ein wenig perfektionistisch ist, kann die Herstellung von Kerzen zu einer schier endlosen Suche nach der richtigen Kombination aus Wachs, Docht, Glas und Duft werden. Vor allem in Bezug auf den Duft sind die Möglichkeiten endlos. Gerade bei den ersten Versuchen sollte man sich mit einem nicht ganz perfekten Ergebnis zufriedengeben und sich einfach im Duft der brennenden Kerze entspannen.«

Kerzen immer auf eine ebene, waagerechte Fläche stellen und nie unbeaufsichtigt brennen lassen. Vorsicht mit Haustieren und Kindern, Zugluft und wehenden Vorhängen. Wenn Sie Ihre Kerze zum ersten Mal anzünden, lassen Sie sie lange brennen, damit sich möglichst viel flüssiges Wachs bildet.

REGISTER

Ausführlich beschriebene Pflanzen sind **fett gedruckt.**

Bildnachweis

Anya van de Wetering: Cover vorne und hinten, Schmutztitel, alle Fotos im Innenteil außer den folgenden:
Bella Thewes: S. 26, 27, 53, 67, 76, 80, 82, 97, 104, 105, 110, 126, 128, 130, 140, 179, 194, 198, 200, 201, 207

Vielen Dank an

Juna Krak (Model): S. 25, 175
Floor Janssen: S. 39, 121, 142, 185, 190
Cathy Molenaar-Ursem, Angela Ursem, Food For Skin, foodforskin.care
Nele Odeur, Scent & Spice, scentandspice.nl
Frank Bloem, The Snifferoo https://en.thesnifferoo.com
Marlies van Heusden, Nature bar, naturebar.nl
Liza Witte, lizawitte.com
Michelle Dinger, The Ohm Collection, theohmcollection.com
Jacqueline Sabaio, Imkerin

Requisiten für das Styling

Geschirr, Gläser, Besteck und andere Dinge, die nachfolgend nicht ausdrücklich genannt sind, stammen aus dem Bestand von Kamer 465 und Leoniek Bontje
Dille & Kamille, dille-kamille.nl: S. 8, 12, 18, 37, 68, 70, 79, 93, 103, 127, 138, 145, 169, 176, 182, 190, 193
Plastic Free Amsterdam, plasticfreeamsterdam.com: S. 54, 58, 113, 114
Rootfolk, rootfolk.com, handgevormd keramiek: S. 123, 148, 149
Pastoe, pastoe.com: S. 190
Stadspaviljoen Noord, paviljoennoord.com: S. 98, 99
Serax, serax.com: S. 54
Bensenhaver, bensenhaver.com: S. 38
Duikelman, duikelman.nl: S. 134
Edith van Gemmert: S. 29, 98, 99
Van hier tot Tokio, japaneseantiquestore.com: S. 142
Helios, heliosholland.com: S. 214
Natural heroes, naturalheroes.nl: S. 58, 114, 167
Keramiek Warenhuis Vermeulen, warenhuisvermeulen.nl: S. 123
Keramiek Liza Witte, lizawitte.com: S. 187
Zeep und shampoo bars Marlies van Heusden, naturebar.nl: S. 123, 152
Kaarslont, wax und zeepmal, onlinezeepwinkel.nl: S. 217

Locations

Lady Lavendel, lady-lavendel.nl: S. 24, 25
Koetshuis Waterland, koetshuiswaterland.com: S. 2, 44, 45

Grundzutaten

Jacob Hooij, jacob-hooy.nl
Het Kruidenrijk, kruidenrijk.nl
Natural heroes, naturalheroes.nl
aroma-zone.com
arganolie.nl
online-zeepwinkel.nl
The Ohm Collection, info@theohmcollection.com (Weihrauch und Myrrhe)
lekkerHoning.nl

Quellen online

http://kruiden.eang.eu/
kruidenregister-fytotheek/ zaailingen.com

https://tipsvoormama.nl/
mens-und-gezondheid.infonu.nl
plantaardigheden.nl

Bücher

Bontje, L., Heilpflanzen (2021, Südwest, München)
Bontje, L. und Noordermeer, Y., Wilde Ernte (2023, Südwest, München)
Chown, V. und Walker, K., Apothecary: Natur-Heilmittel selbst herstellen und anwenden (2017, Busse, Herford)
»Healing remedies«, in National Geographic, März 2019
Kropf, I., Het Kruidenboek van Ingrid (2016, 3. Aufl., Grizzly Bear Guide, Eenrum)
Mabey, R., Alle kruiden und hun toepassingen (2007, 2. Aufl., Kosmos, Utrecht)

Maessen, Y., Kruiden - signatuur en eigenschappen (2019, 12. Aufl., Het Kruidenrijk, Haaren)
Uyldert, M., Lexicon der geneeskruiden (1992, 17. Aufl., De Driehoek, Amsterdam)
Verhelst, Dr. G., Groot handboek geneeskrachtige planten (2018, 8. Aufl., BVBA Mannavita, België)
Gladstar, R., Herbs for Natural Beauty (1999, Storey Publishing, USA)

Impressum

1. Auflage

Die Originalausgabe erschien 2021 unter dem Titel „Plant & Cosmetica - Vor huid, haar en huis" bei Uitgeverij TerraLannoo BV. Übersetzt aus dem Niederländischen. www.terralannoo.com

Warnhinweis:
Dieses Buch wurde mit größtmöglicher Sorgfalt zusammengestellt. Seien Sie immer vorsichtig, wenn Sie Pflanzen für medizinische Zwecke verwenden. Bei gesundheitlichen Beschwerden oder Fragen immer einen Arzt oder eine Ärztin konsultieren. Auch wenn Sie schwanger sind, seien Sie vorsichtig mit der Verwendung von Pflanzen. In keinem Fall haften Autorin, Übersetzerin, Redakteurin oder Verlag für einen durch eine falsche Verwendung hervorgerufenen Schaden beziehungsweise Verletzungen.

Projektleitung: Eva Wagner
Redaktion: trans texas publishing services GmbH, Köln
Übersetzung: Wiebke Krabbe, Damlos
Satz: Satzwerk Huber, Germering
Coverdesign für die deutschsprachige Ausgabe: Eva M. Salzgeber
Für die niederländische Originalausgabe:
Konzept, Text: Leoniek Bontje, www.de-buitenkeuken.nl, leoniekbontje@gmail.com
Konzept, Art Direction: Anya van de Wetering, @kamer465
Styling: Marie-Claire Lambalk, @kamer465, Leoniek Bontje
Fotografie: Bella Thewes, www.bellathewes.com und Anya van de Wetering
Layout, Cover und Innenteil: Crisja Studio, www.crisja.nl

MIX
Papier | Fördert gute Waldnutzung
FSC® C106600

Penguin Random House Verlagsgruppe FSC® N001967

ISBN 978-3-517-10308-2

www.suedwest-verlag.de